KB248675

사례중심 고소장 작성방법 과 실무

01

편저 : 대한법률편찬연구회
(콘텐츠 제공)

고소취지·범죄사실·고소이유·증거자료·재판여부 등 수록

협박, 사기, 폭행, 상해, 명예훼손 등의 고소 사례를
법률 서류작성 형식에 맞추어 수록

머 리 말

　여러 사람들이 모여 살다 보니 각종 사건, 사고도 많이 일어나고 때로는 억울한 일을 겪게 되는 것이 우리가 사는 사회의 모습일 것입니다.

　살다보면 겪을 수도 있는 크고 작은 분쟁이 서로 원만하게 해결되면 좋겠지만 그렇지 않은 경우가 많습니다.

　이럴 때에는 그 해결방법을 법의 판단에 맡기게 됩니다.

　그런데 분쟁이 일어나서 막상 관련 사건에 대한 법에 대하여 알아보거나 법률 전문가의 전문적인 의견을 들어보게 되면, 예상과는 다를 경우에 당황하게 되는 경우가 간혹 있습니다.

　미리 법에 대하여 어느 정도 알고 있었다면 상황을 좀 더 유리하게 이끌 수 있고 그렇지 못하여 손해를 보는 경우도 있습니다.

　이 책에서 저자의 뜻한 바는 그러한 손해나 억울함을 겪지 않도록 미리 대비하는데 도움을 주기 위하여 기획되었습니다.

　법적 분쟁이 자주 발생하는 경우인 '협박, 사기, 폭행, 상해, 명예훼손' 등의 고소 사례를 법률 서류작성 형식에 맞추어 수록해 놓아 독자들이 쉽게 내용을 파악하여 각자의 상황에 적용할 수 있게 구성하였습니다. 독자들이 이 책을 통하여 법적 분쟁이 발생했을 경우에 억울한 손해를 입지 않고 상황을 유리하게 이끌 수 있도록 조금이나마 도움이 되기를 바랍니다.

　마지막으로 이 책의 출판에 힘써 주신 여러분들에게 감사의 뜻을 표하는 바이며 법문북스 김현호 대표님을 비롯한 편집부 여러분에게도 이 지면을 빌려 감사드립니다.

2024.

편저자　필

차   례

§ 고소장 서식 사례 §

고　소　장

고　소　인 : ○　　　○　　　○

피　고　소　인 : ○　　　○　　　○

전북 전주경찰서장 귀중

고　소　장

1.고 소 인

성　　명	○ ○ ○	주민등록번호	생략
주　　소	전주시 ○○구 ○○로 ○○, ○○○호		
직　　업	사업 / 사무실 주 소	생략	
전　　화	(휴대폰) 010 - 6766 - 0000		
이 메 일			
대리인에 의한 고　　소	☐ 법정대리인 (성명 :　　　,　　연락처　　　　　) ☐ 고소대리인 (성명 : 변호사,　연락처　　　　　)		

2.피고소인

성　　명	○ ○ ○	주민등록번호	생략
주　　소	전주시 ○○구 ○○로 ○길 ○○, ○○호		
직　　업	상업 / 사무실 주 소	생략	
전　　화	(휴대폰) 010 - 8769 - 0000		
이 메 일			
기타사항	고소인과의 관계 - 친·인척관계 없습니다.		

3.고소취지

고소인은 피고소인을 다음과 같은 사유로 인하여, 채권의 공정한 추심에 관한 법률 위반죄 (채무자 폭행·협박) 및 상해죄로 고소를 제기 하오니, 철저히 조사를 하시어 처벌하여 주시기 바랍니다.

4.고소이유

가. 기초 사실 관계

1) 고소인은 전주시내에서"바보 같은 곳"이라는 상호로 호프집을 영위하는 사람입니다. 한편, 고소인은 ○○개발 주식회사에 대하여 금 ○○,○○○,○○○원의 채무를 부담하고 있는데, 피고소인은 ○○개발 주식회사로부터 고소인에 대한 채권 추심 및 강제집행의 권한을 위임받은 사람이며 현재"○○신용평가정보"라는 채권 추심 업체에 소속된 것으로 보입니다.(증 제1호증 강제집행 신청서 사본, 증 제2호증 위임장 사본, 증 제3호증 명함 사본 각 참조)

2) 피고소인은 ○○○○. ○○. ○○. 오전 무렵 고소인이 사업장에 출근하고 자리를 비운 고소인의 자택에 찾아와 고소인을 찾으며 채권추심을 시도한 바 있습니다. 고소인이 자택에 없음을 확인한 피고소인은 같은 ○○신용평가정보의 직원으로 추정되는 성명불상자 1인과 함께 ○○○○. ○○. ○○. ○○:○○경 고소인의 위 업소에 불시에 방문하여 고소인과의 면담을 요청하였습니다. 이에 고소인은 호프집 내로 피고소인과 그 동행자를 데리고 가서 서로 이야기를 하게 되었습니다. 이 때 고소인은 피고소인에게 피고소인이 고소인의 처와 어린 자녀만이 있는 고소인의 자택에 찾아 가 채권추심행위를 하면서 사생활의 평온을 해한 점에 관하여 항의를 하였습니다.
이에 대하여 피고소인은 고소인의 이와 같은 항의에 몹시 불쾌한 기색을 보이더니, 고소인에게"돈 받으러 찾아 갔었다, 왜?"라고 반말조로 답하였고, 급기야는"씹할 놈아 왜 돈을 안 주냐, 이 무식한 놈아 돈을 안 주면 가만 두지 않겠다."는 폭언을 가하였습니다.

3) 피고소인은 이러한 폭언에 그치지 않고 더 나아가 고소인과 피고소인 사이에 놓여 있던 응접 테이블 위에 신발을 신은 채로 올라서는 활극을 펼치더니, 이내 양손으로 고소인의 멱살과 왼쪽 상박부를 붙잡고 벽에다 밀어붙이는 폭행을 가하였습니다.

4) 고소인은 이와 같은 피고소인의 폭행으로 인하여 당시 입고 있던 와이셔츠의 단추가 뜯어짐을 물론, 요치 2주의 좌측상박부 및 경추부 찰과상·타박상 등 상해를 입은 바 있습니다.(증 제4호증 상해진단서 사본, 증 제5호증 상해부위 사진, 증 제6호증 와이셔츠 훼손 사진 각 참조)

5) 피고소인의 이와 같은 행태에 피고소인의 동행자도 당황하였는지 피고소인이 더 이상 고소인을 폭행하지 못하도록 이를 말리기 시작하였고, 테이블 밖에서 이와 같은 소란을 듣게 된 고소인 측 직원 ○○○이 테이블로 들어 와 피고소인을 고소인으로부터 떼어 놓음으로써 비로소 사태가 진정될 수 있었습니다.

6) 피고소인은 사태가 진정된 이후에도 고소인을 향하여"너 가만두지 않겠다, 두고 봐라 내가 앞으로 어떻게 하는지 봐라"면서 장래 어떠한 해악을 끼칠 것만 같이 위협을 하였습니다.

피고소인이 호프 집에 찾아 와서 위와 같은 난동이 종료될 때까지 소요된 시간은 대략 40분 정도였는바, 피고소인의 이와 같은 불법적 채권추심행위로 인하여 고소인의 업무에 상당 부분 방해를 받은 것은 물론입니다.

7) 고소인은 본건 발생 이후 3일 정도 지나서 피고소인에게 원만한 협의를 위하여 연락을 하였는데, 이 때 피고소인은 고소인에게"내가 조폭 출신인데 최근에도 벌금 130만 원 정도 낸 적이 있다"면서 나름의 위세를 보였고, 고소인의 협의 제안에 비협조적인 태도를 보였습니다.

8) 고소인은 채권자에게 채무를 변제하는 것은 변제하더라도 그 추심 절차가 어디까지나 적법한 테두리 안에서 행하여져야 한다고 생각하는데, 정작 채권추심을 위임받은 피고소인으로부터 본 건과 같이 폭행·협박, 업무방해를 당하고 나니 당황스러울 따름입니다. 고소인은 본건 발생 직후에는 경황이 없어 상해진단서 등 증빙자료를 발급받지 못하였으나, 주변의 법률적 조언을 통하여 본건 발생

일로부터 며칠 지나지 않은 ○○○○. ○○. ○○. 상해진단서를 발급받았고,
상해부위 사진도 촬영하여 두었습니다.

9) 고소인의 피고소인에 대한 본건 고소가 다소 늦어지게 된 것은 사실입니다. 피
고소인이"가만두지 않겠다."고 예고한대로 고소인 자택, 사업장의 유체동산 등
에 압류집행을 하고 각종 강제집행신청을 하는 바람에, 고소인으로서는 우선
시급한 강제집행 건에 대응하다보니 그 동안 본건 고소를 제기할 여유가 없었
습니다.

10) 비록 고소인이 피고소인의 불법적 채권 추심행위로 직접적으로 입게 된 상해는
비교적 경미하다 할지 모르나, 고소인이 이를 묵인하고 그냥 넘어간다면 피고
소인은 향후 다른 채무자들을 상대로 본건과 같은 불법적 추심행위를 지속하
고도 남을 것입니다.

따라서 고소인은 향후 동종 범행 재발방지라는 공익적 차원에서도 본건 고소
를 제기하지 않을 수 없었습니다.

나. 피고소인의 범죄 사실에 관한 적용법조

1) 채권의 공정한 추심에 관한 법률 제9조(폭행·협박 등의 금지)는"채권 추심자는 채
권추심과 관련하여 다음 각 호의 어느 하나에 해당하는 행위를 하여서는 아니
된다."고 규정하면서, 금지 행위 유형 중 하나로"채무자 또는 관계인을 폭행·협
박·체포 또는 감금하거나 그에게 위계나 위력을 사용하는 행위"를 예시하고 있
습니다. 또한 동법 제15조(벌칙) 제1항은"제9조제1호를 위반하여 채무자 또는
관계인을 폭행·협박·체포 또는 감금하거나 그에게 위계나 위력을 사용하여 채
권추심행위를 한 자는 5년 이하의 징역 또는 5천만 원 이하의 벌금에 처한
다."고 규정하고 있습니다.

2) 따라서 피고소인의 상술한 불법적 채권추심 행위는 채권의 공정한 추심에 관한

법률위반죄를 구성한다 할 것입니다. 또한 피고소인의 폭행은 고소인의 좌측 상박부 등 신체부위에 상해를 야기하였고, 소란을 피우는 동안 고소인의 업무를 방해할 위험을 발생시켰는바, 형법상 상해죄 및 업무방해죄도 구성하므로 피고소인을 철저히 수사하여 법에 준엄함을 깨달을 수 있도록 엄벌에 처하여 주시기 바랍니다.

5.증거자료

□ 고소인은 고소인의 진술 외에 제출할 증거가 없습니다.

■ 고소인은 고소인의 진술 외에 제출할 증거가 있습니다.

☞ 제출할 증거의 세부내역은 별지를 작성하여 첨부합니다.

6.관련사건의 수사 및 재판 여부

① 중복 신고여부	본 고소장과 같은 내용의 진정서 또는 고소장을 다른 검찰청 또는 경찰서에 제출하거나 제출하였던 사실이 있습니다 □ / 없습니다 ■
② 관련 형사사건 수사 유무	본 고소장에 기재된 범죄사실과 관련된 사건 또는 공범에 대하여 검찰청이나 경찰서에서 수사 중에 있습니다 □ / 수사 중에 있지 않습니다 ■
③ 관련 민사소송 유무	본 고소장에 기재된 범죄사실과 관련된 사건에 대하여 법원에서 민사소송 중에 있습니다 □ / 민사소송 중에 있지 않습니다 ■

7.기타

본 고소장에 기재한 내용은 고소인이 알고 있는 지식과 경험을 바탕으로 모두 사실대로 작성하였으며, 만일 허위사실을 고소하였을 때에는 형법 제156조 무고죄로 처벌받을 것임을 서약합니다.

○○○○ 년 ○○ 월 ○○ 일

위 고소인 :　○　○　○　　(인)

전북　전주경찰서장 귀중

별지 : 증거자료 세부 목록

　　　(범죄사실 입증을 위해 제출하려는 증거에 대하여 아래 각 증거별로 해당 난을 구체적으로 작성해 주시기 바랍니다)

1.인적증거

성 명	○ ○ ○		주민등록번호	생략	
주 소	자택 : 직장 : 전주시 ○○구 ○○로 ○○, ○○			직업	종업원
전 화	(휴대폰) 010 - 2876 - 0000				
입증하려는 내 용	위 ○○○은 고소인이 운영하는 호프집의 종업원으로서 피고소인이 테이블에서 횡패를 부리고 고소인을 폭행한 사실을 직접 목격하여 피고소인의 범행을 입증하고자 합니다.				

2.증거서류

순번	증 거	작성자	제출 유무
1	차용증	고소인	■ 접수시 제출　　□ 수사 중 제출
2	강제집행조서등본	고소인	■ 접수시 제출　　□ 수사 중 제출
3	변제한 영수증	고소인	■ 접수시 제출　　□ 수사 중 제출
4	온라인송금영수증	고소인	■ 접수시 제출　　□ 수사 중 제출
5			□ 접수시 제출　　□ 수사 중 제출

3.증거물

순번	증 거	소유자	제출 유무
1	차용증	고소인	■ 접수시 제출　　□ 수사 중 제출
2	조서등본	고소인	■ 접수시 제출　　□ 수사 중 제출
3	영수증	고소인	■ 접수시 제출　　□ 수사 중 제출
4	송급경수증	고소인	■ 접수시 제출　　□ 수사 중 제출
5			□ 접수시 제출　　□ 수사 중 제출

4.기타증거

　　추후 필요에 따라 제출하겠습니다.

고　소　장

고　소　인 : ○　　　○　　　○

피 고 소 인 : ○　　　○　　　○

남부지방검찰청 귀중

고　소　장

1.고 소 인

성　　명	○ ○ ○		주민등록번호	생략
주　　소	서울시 영등포구 여의동로 ○○, ○○○호			
직　　업	사업	사무실 주　소	생략	
전　　화	(휴대폰) 010 - 3450 - 0000			
이 메 일				
대리인에 의한 고　　소	□ 법정대리인 (성명 :　　　,　　연락처　　　　　　　) □ 고소대리인 (성명 : 변호사,　연락처　　　　　　　)			

2.피고소인

성　　명	리그 오브 레전드 게임(LOL) (아이디 poiuyt002)
주　　소	알지 못합니다.
직　　업	알지 못합니다.
전　　화	(휴대폰) 알지 못합니다.
이 메 일	
기타사항	고소인과의 관계 - 친·인척관계 없습니다.

3.고소취지

고소인은 피고소인을 다음과 같이 모욕죄로 고소하오니 철저히 조사를 하시어 법에 준엄함을 깨달을 수 있도록 엄벌에 처하여 주시기 바랍니다.

4.범죄사실

리그오브레전드(LOL) 게임은 5:5 게임으로 같은 편에 모르는 사람 4명이 필연적으로 필요한 게임입니다.

고소인이 ○○○○. ○○. ○○. ○○:○○ 모르는 사람 4명과 한 팀이 되어 게임을 하게 되었는데 같은 편이 된 피고소인(아이디"poiuyt002"를 사용하는)이 게임 도중에 느닷없이 '야 개새끼야','미친놈이구만','병신새끼야'.'등신아 뒤져라'고 욕설을 하여 고소인이 고소인은 서울시 영등포구 여의동로에 있는 ○○금융기관에 부장으로 근무하는 ○○○이고 전화번호는 010 ‑ 3450 ‑ 0000이라고 밝히고 욕을 하지 말라고 종용하였으나 피고소인은 이에 아랑곳하지 않고 욕설의 수위를 더 높여 '이 새끼 미친놈 새끼야','사람 새끼냐','개새끼야','병신새끼'라는 욕설을 게임 동안 내내 퍼부었습니다.

고소인은 피고소인이 고소인에게 게임 중에 쉴 새 없이 퍼붓고 떠들어댔던 욕설을 모조리 스크린샷하여 고소장 말미에 증거로 첨부하고 고소하오니 피고소인을 철저히 수사하여 법에 준엄함을 깨달을 수 있도록 엄히 처벌하여 주시기 바랍니다.

5.고소이유

피고소인이 고소인에게 입에 담지 못할 욕설을 퍼붓고 모욕하였기에 처벌하지 않을 수 없어서 고소인은 피고소인을 고소하겠다고 결심했습니다.
온라인이라고 안 보인다고 함부로 입에 담을 수 없는 욕설을 해대며 놀리고 모욕을 하면 법에 준엄함을 꼭 깨달을 수 있도록 해줘야겠다고 생각하고 고소하오니 철저히 수사해서 피고소인을 엄벌에 처하여 주시기 바랍니다.

6.범죄의 성립근거

1) 피해자의 특정

고소인은 피고소인이 욕설을 할 때 욕을 하지 말라고 하면서 고소인은 서울시 영등포구 여의도동로에 있는 금융기관에 부장으로 근무하고 실명이 ○○○이고 전화번호는 010 - 3450 - 0000으로 밝히고 욕하지 말아달라고 종용하였으나 피고소인은 계속 심한 욕설을 퍼부었습니다.

이에 같은 게임방에 있던 고소인을 제외한 유저들은 고소인이 어디에서 무엇을 하고 있는 누구인지 알 수 있는 상태였기에 익명성이 보장된 인터넷 공간이지만 아래와 같은 정보들로 인해 피해자인 고소인 본인이 충분히 특정 지어진 상태입니다.

주위사정을 종합해 볼 때 피고소인이 해대는 욕설이 고소인에게 하는 것으로 다른 유저들이 알아차릴 수 있었기 때문에 피해자가 특정된다고 볼 수 있습니다.

2) 공연성

따라서 위 게임은 5대5, 10명('무등산언덕','poiuyt00 2','그리운 곳','시골마을길','행복이 있는 집','다람쥐','고급스러운 곳','생각하는 사람','인간마을','높은산이 있는 도시')이 모여서 진행한 게임이고, 채팅내용은 팀원들 모두가 볼 수 있으므로 공연성 또한 있습니다.

7.증거자료

□ 고소인은 고소인의 진술 외에 제출할 증거가 없습니다.

■ 고소인은 고소인의 진술 외에 제출할 증거가 있습니다.
　　☞ 제출할 증거의 세부내역은 별지를 작성하여 첨부합니다.

8.관련사건의 수사 및 재판 여부

① 중복 신고여부	본 고소장과 같은 내용의 진정서 또는 고소장을 다른 검찰청 또는 경찰서에 제출하거나 제출하였던 사실이 있습니다 □ / 없습니다 ■
② 관련 형사사건 수사 유무	본 고소장에 기재된 범죄사실과 관련된 사건 또는 공범에 대하여 검찰청이나 경찰서에서 수사 중에 있습니다 □ / 수사 중에 있지 않습니다 ■
③ 관련 민사소송 유무	본 고소장에 기재된 범죄사실과 관련된 사건에 대하여 법원에서 민사소송 중에 있습니다 □ / 민사소송 중에 있지 않습니다 ■

9.기타

본 고소장에 기재한 내용은 고소인이 알고 있는 지식과 경험을 바탕으로 모두 사실대로 작성하였으며, 만일 허위사실을 고소하였을 때에는 형법 제156조 무고죄로 처벌받을 것임을 서약합니다.

○○○○ 년 ○○ 월 ○○ 일

위 고소인 :　○　○　○　　(인)

남부지방검찰청 귀중

별지 : 증거자료 세부 목록
    (범죄사실 입증을 위해 제출하려는 증거에 대하여 아래 각 증거별로 해당 난을 구체적으로
    작성해 주시기 바랍니다)

1.인적증거

성 명	○ ○ ○		주민등록번호	생략	
주 소	자택 : 서울시 ○○구 ○○로 ○○○ 직장 : 서울시 ○○구 ○○로 ○○호			직업	사업
전 화	(휴대폰) 010 - 3433 - 0000				
입증하려는 내 용	위 ○○○은 리그오브레전드 게임에"높은 산이 있는 도시"라는 아이디로 게임을 같이 하면서 피고소인이 고소인에게 입에 담을 수 없는 심한 욕설을 한 사실을 목격하여 이를 입증하고자 합니다.				

2.증거서류

순번	증 거	작성자	제출 유무
1	스크린샷캡처화면	고소인	■ 접수시 제출 □ 수사 중 제출
2	진술서	고소인	■ 접수시 제출 □ 수사 중 제출
3			□ 접수시 제출 □ 수사 중 제출
4			□ 접수시 제출 □ 수사 중 제출
5			□ 접수시 제출 □ 수사 중 제출

3.증거물

순번	증 거	소유자	제출 유무
1	캡처화면	고소인	■ 접수시 제출 □ 수사 중 제출
2	진술서	고소인	■ 접수시 제출 □ 수사 중 제출
3			□ 접수시 제출 □ 수사 중 제출
4			□ 접수시 제출 □ 수사 중 제출
5			□ 접수시 제출 □ 수사 중 제출

4.기타증거

    추후 필요에 따라 제출하겠습니다.

고　　소　　장

고　소　인 : ○　　　○　　　○

피　고　소　인 : ○　　　○　　　○

경남 진주경찰서장 귀중

고   소   장

1.고 소 인

성 명	○ ○ ○	주민등록번호	생략
주 소	진주시 ○○로 ○○, ○○○-○○○호		
직 업	사업	사무실 주 소	생략
전 화	(휴대폰) 010 - 6766 - 0000		
이 메 일			
대리인에 의한 고 소	□ 법정대리인 (성명 : , 연락처) □ 고소대리인 (성명 : 변호사, 연락처)		

2.피고소인

성 명	○ ○ ○	주민등록번호	생략
주 소	진주시 ○○로 ○○길 ○○, ○○○호		
직 업	상업	사무실 주 소	생략
전 화	(휴대폰) 010 - 8769 - 0000		
이 메 일			
기타사항	고소인과의 관계 - 친·인척관계 없습니다.		

3.고소취지

고소인은 피고소인을 모해위증죄로 고소하오니 철저히 조사를 하시어 처벌하여 주시기 바랍니다.

4.범죄사실

(1) 모해위증

피고소인은 고소인의 교통사고처리특례법 사건 ○○○○고정○○○○호 ○○○○. ○○. ○○. ○○:○○시 창원지방법원 진주지원 제○○○호 법정에서 증인 선서를 한 뒤 고소인을 모해하여 유죄판결을 받게 하고, 보험사로부터 부당하게 수령한 보험금을 지키고자 위증을 하였습니다.

(2) 부주의로 스스로 전복된 사고

피고소인은 안전운전 부주의와 운전미숙으로 이륜차에게 접근하다 정차중인 버스와 충돌을 피하기 위해 급회전하다 넘어진 사고임에도 고소인이 정차 중이었는데 이륜차를 운전하던 피고소인을 충격한 사고라고 위증 하였습니다.

(3) 위증으로 고소인은 형사 벌금형 처벌

피고소인의 위증으로 인하여 고소인은 형사 유죄판결을 받았으며, 보험사로부터 민사 구상금 청구소송을 당하여 현재 물질적으로 심적, 시간적인 피해와 극심한 스트레스를 받았으므로 피고소인을 철저히 수사하여 엄벌에 처하여 주시기 바랍니다.

5.고소이유

(1) 고소인은 ○○○○. ○○. ○○. ○○:○○경 경상남도 진주시 ○○로 ○○, 장원빌딩 옆 편도 1차선 도로 위를 안전운행 중 이었습니다.

버스가 신호대기 중으로 도로를 가로막고 있어 버스 횡단이 불가능하나 도로 위 여유 공간으로 이륜차는 운전이 가능하여 주행 중 이었습니다. 버스가 성벽처럼 길을 가로막고 있음에도 오른쪽 주택가 내리막길을 빠른 속도로 내려오는 피고소인이 운전하는 오토바이를 목격 하였습니다.

느낌에 사고가 났을 것 같아 피고소인이 넘어진 지점을 지나 차량을 멈추고 돌아보니 피고소인은 운전하던 오토바이와 함께 넘어져 있었습니다. 피고소인의 오토바이가 넘어지는 것을 사무실 유리창으로 목격하고 뛰어나온 두 명과 함께 오토바이를 일으켜 세우고 피고소인에게 다친 곳은 없느냐고 물었습니다.

고소인은 보는 각도에 따라 충돌했다는 오해가 있을 수도 있고, 피고소인이 무고 할 수도 있다는 생각에 이를 방지하고자 경찰에 사고 신고를 하였습니다. 또한 119에 신고하여 피고소인을 즉각적으로 구호조치 하였습니다.

그러나 피고소인은 경찰진술에서 횡단하여 집으로 가기 위해 버스 옆에 횡단보도에서 정차 중이었는데, 고소인이 차량으로 오토바이를 충격한 사고로 허위 진술하였습니다. 이로 인해 고소인은 형사법정에 가해자가 되어 항소심에서 유죄판결을 받았습니다.
피고소인은 고소인의 진정에 의해 경남지방경찰청의 재조사, 교통안전공단의 재재조사를 통해'서 있던 오토바이를 차량이 충격한 사고는 절대 아니나, 고소인의 차량의 부딪힌 곳과 오토바이의 균형점이 쏠린 상태에서 오토바이의 바구니가 충돌하였고, 이로 인해 전복됐을 개연성이 높다'라는 보고서가 제출되었지만 피고소인이 법정에서 증인 선서 후에"피고소인은 정지해 있었는데, 횡단보도에서 고소인의 차량이 충격하여 중상을 입은 사고"라고 위증 하였습니다.

이로 인해 고소인은 유죄판결을 받았습니다.

형사 유죄판결로 피고소인에게 보험금을 지급한 현대해상은 고소인에게 구상금청구소송을 걸어와 소송을 하던 중 목격자를 찾았고, 고소인의 주장이 사실임을 목격 진술서를 받을 수 있었습니다.

사고 보험금을 지급한 현대해상의 구상권 소송에서 승소한 후 사과 문제를 피고소인의 아들과 애기해 보려 했으나 "법으로 할 수 있는 것이 있다면, 법대로 하고 다시는 전화하지 말라!"는 대답을 들었습니다.

피고소인의 부주의와 운전미숙으로 전복 된 것을 구호 조치한 선량한 시민을 피고소인은 보험금을 받기 위해 가해자로 진술하고 증언하여 2년 가까이 경찰서와 법원을 오가며 억울한 범법자, 가해자로 물적, 심적 피해와 스트레스를 받게 한 것입니다.

공정한 법으로 그 잘못을 규명하여 엄히 처벌하여 주시기를 바라며 피고소인을 모해 위증죄로 고소하게 된 것입니다.

6.증거자료

□ 고소인은 고소인의 진술 외에 제출할 증거가 없습니다.

■ 고소인은 고소인의 진술 외에 제출할 증거가 있습니다.

☞ 제출할 증거의 세부내역은 별지를 작성하여 첨부합니다.

7.관련사건의 수사 및 재판 여부

① 중복 신고여부	본 고소장과 같은 내용의 진정서 또는 고소장을 다른 검찰청 또는 경찰서에 제출하거나 제출하였던 사실이 있습니다 □ / 없습니다 ■
② 관련 형사사건 수사 유무	본 고소장에 기재된 범죄사실과 관련된 사건 또는 공범에 대하여 검찰청이나 경찰서에서 수사 중에 있습니다 □ / 수사 중에 있지 않습니다 ■
③ 관련 민사소송 유무	본 고소장에 기재된 범죄사실과 관련된 사건에 대하여 법원에서 민사소송 중에 있습니다 □ / 민사소송 중에 있지 않습니다 ■

8.기타

본 고소장에 기재한 내용은 고소인이 알고 있는 지식과 경험을 바탕으로 모두 사실대로 작성하였으며, 만일 허위사실을 고소하였을 때에는 형법 제156조 무고죄로 처벌받을 것임을 서약합니다.

○○○○ 년 ○○ 월 ○○ 일

위 고소인 : ○ ○ ○　　(인)

경남 진주경찰서장 귀중

별지 : 증거자료 세부 목록
　　　(범죄사실 입증을 위해 제출하려는 증거에 대하여 아래 각 증거별로 해당 난을 구체적으로
　　　작성해 주시기 바랍니다)

1.인적증거

성 명	○ ○ ○		주민등록번호	생략	
주 소	자택 : 직장 : 진주시 ○○로 ○○, ○○			직업	회사원
전 화	(휴대폰) 010 - 2876 - 0000				
입증하려는 내 용	위 ○○○은 사고 당시 인근 건물 2층에 있는 사무실에서 창문을 통해 피고소인의 오토바이가 옆으로 쓰러지는 것을 목격하고 달려와 고소인과 같이 오토바이를 일으켜 세운 사실이 있음을 입증하기 위함에 있습니다.				

2.증거서류

순번	증 거	작성자	제출 유무
1	무죄 선고된 판결	고소인	■ 접수시 제출　　□ 수사 중 제출
2	목격자 진술서	고소인	■ 접수시 제출　　□ 수사 중 제출
3			□ 접수시 제출　　□ 수사 중 제출
4			□ 접수시 제출　　□ 수사 중 제출
5			□ 접수시 제출　　□ 수사 중 제출

3.증거물

순번	증 거	소유자	제출 유무
1	판결문	고소인	■ 접수시 제출　　□ 수사 중 제출
2	진술서	고소인	■ 접수시 제출　　□ 수사 중 제출
3			□ 접수시 제출　　□ 수사 중 제출
4			□ 접수시 제출　　□ 수사 중 제출
5			□ 접수시 제출　　□ 수사 중 제출

4.기타증거

추후 필요에 따라 제출하겠습니다.

고 소 장

고 소 인 : ○   ○   ○

피고소인 : ○   ○   ○

청주 흥덕경찰서장 귀중

고　소　장

1.고 소 인

성　　명	○ ○ ○	주민등록번호	생략
주　　소	청주시 ○○구 ○○로 ○○, ○○동 ○○○○호		
직　　업	가정주부	사무실 주　소	생략
전　　화	010 - 9808 - 0000		
이 메 일			
대리인에 의한 고　　소	☐ 법정대리인 (성명 : 　　　　　, 연락처　　　　　) ☐ 고소대리인 (성명 : 변호사　, 연락처　　　　　)		

2.피고소인

성　　명	○ ○ ○	주민등록번호	모릅니다.
주　　소	청주시 ○○구 ○○로 ○○, 빌라 ○○○호		
직　　업	무직	사무실 주　소	없습니다.
전　　화	010 - 3210 - 0000		
이 메 일			
기타사항	고소인과의 관계 - 친·인척관계 없습니다.		

3.고소취지

고소인은 피고소인을 사기혐의로 고소하오니 법에 준엄함을 깨달을 수 있도록 엄벌에 처해 주시기 바랍니다.

4.범죄사실

(1) 고소인의 남편 ○○○이 피고소인에게 ○○○○. ○○. ○○. 1,000만 원을 빌려줬습니다. 사업적으로 남편이 피고소인과 연계되어 있기도 하고 남편이 믿고 따르는 형님이기도 해서 다음 달에 적금을 타서 꼭 변제하겠다는 말을 고소인은 철썩 같이 믿고 고소인도 정말 어려운 형편이지만 대출까지 받아 피고소인의 하나은행계좌번호 ○○○-○○○-○○○○○로 3,000만 원을 송금하여 빌려줬습니다.

(2) 그러나 갚겠다고 한 날짜에 원금은커녕 이자도 안 들어오고 이렇다 할 얘기가 없어서 대출받은 은행에 이자도 매달 지급해야 하는 딱한 처지에서 고소인이 직접 피고소인을 찾아가 돈을 갚아 달라고 독촉하자 피고소인은 무조건 ○○○○. ○○. ○○.에 갚겠다는 확답을 듣고 남편을 통해서 차용증도 써주겠다고 했습니다.

(3) 피고소인은 남편을 통해 차용증도 안 써주고 고소인이 차용증을 받으러 찾아가면 피하기가 일쑤고 원금은 고사하고 지금까지 이자 한번 도 준 적이 없다가 이제는 아예 사무실까지 정리해 잠적한 상태에서 고소인과 남편이 피고소인에게 전화하면 다른 사람들과는 전화를 통하면서 받지 않고 매번 피하기만 합니다.

(4) 솔직히 남편 돈 1,000만원 하고 고소인이 송금해준 3,000만 원은 대출을 받아 피고소인에게 준 것이고 대출금을 고소인이 갚아 나가는 형편이라 너무 속상합니다. 하지만 그분은 고소인으로부터 돈을 꿀 당시 신용불량자 상태에서 갚을 능력도 안 되었을 뿐만 아니라 처음부터 고소인에게 돈을 빌리더라도 변제할 의사 없이 돈을 빌려 착복한 것으로서 피고소인 때문에 저희처럼 피해보는 사람이 없으리란 보장도 없고 너무나 괘씸하기도 해서 피고소인을 사기죄로 고소하오니 철저히 수사하시어 엄벌에 처하여 주시기 바랍니다.

5.증거자료

  □ 고소인은 고소인의 진술 외에 제출할 증거가 없습니다.

  ■ 고소인은 고소인의 진술 외에 제출할 증거가 있습니다.

  ☞ 제출할 증거의 세부내역은 별지를 작성하여 첨부합니다.

6.관련사건의 수사 및 재판여부

① 중복 고소여부	본 고소장과 같은 내용의 고소장을 다른 검찰청 또는 경찰서에 제출하거나 제출하였던 사실이 있습니다 □ / 없습니다 ■
② 관련 형사사건 수사유무	본 고소장에 기재된 범죄사실과 관련된 사건 또는 공범에 대하여 검찰청이나 경찰서에서 수사 중에 있습니다 □ / 수사 중에 있지 않습니다 ■
③ 관련 민사소송 유무	본 고소장에 기재된 범죄사실과 관련된 사건에 대하여 법원에서 민사소송 중에 있습니다 □ / 민사소송 중에 있지 않습니다 ■

7.기타

본 고소장에 기재한 내용은 고소인이 알고 있는 지식과 경험을 바탕으로 모두 사실대로 작성하였으며, 만일 허위사실을 고소하였을 때에는 형법 제156조 무고죄로 처벌받을 것임을 아울러 서약합니다.

○○○○ 년 ○○ 월 ○○ 일

위 고소인 : ○ ○ ○　　(인)

청주 흥덕경찰서장 귀중

별지 : 증거자료 세부 목록

　　　　(범죄사실 입증을 위해 제출하려는 증거에 대하여 아래 각 증거 별로 해당 난을 구체적으로 작성해 주시기 바랍니다)

1. 인적증거

성 명	○ ○ ○	주민등록번호	생략	
주 소	자택 : 청주시 ○○구 ○○로 ○○, ○○ 직장 : 청주시 ○○구 ○○로 ○○○		직업	회사원
전 화	(휴대폰) 010 - 1245 - 0000			
입증하려는 내 용	위 ○○○은 피고소인이 많은 사람들로부터 고소인과 같은 방법으로 돈을 빌리고 갚지 않고 있는 사실을 잘 알고 있어 이를 입증하고자 합니다.			

2. 증거서류

순번	증 거	작성자	제출 유무
1	온라인 송금영수증	고소인	■ 접수시 제출　□ 수사 중 제출
2	고소인 통장거래내역	고소인	■ 접수시 제출　□ 수사 중 제출
3			□ 접수시 제출　□ 수사 중 제출
4			□ 접수시 제출　□ 수사 중 제출
5			□ 접수시 제출　□ 수사 중 제출

3. 증거물

순번	증 거	소유자	제출 유무
1	온라인 송금영수증	고소인	■ 접수시 제출　□ 수사 중 제출
2	고소인 통장거래내역	고소인	■ 접수시 제출　□ 수사 중 제출
3			□ 접수시 제출　□ 수사 중 제출
4			□ 접수시 제출　□ 수사 중 제출
5			□ 접수시 제출　□ 수사 중 제출

4. 기타증거

　　추후 필요에 따라 제출하겠습니다.

【서식】 사기파산죄 파산신청직전 돈을 빌린후 파산신청 처벌요구 고소장

고   소   장

고 소 인 : ○   ○   ○

피 고 소 인 : ○   ○   ○

김천경찰서장 귀중

고　　소　　장

1.고 소 인

성　　명	○○○	주민등록번호	생략
주　　소	김천시 하리안길 ○○, ○○○-○○○호		
직　　업	사업	사무실 주　소 　생략	
전　　화	(휴대폰) 010 - 7123 - 0000		
이 메 일			
대리인에 의한 고　　소	□ 법정대리인 (성명 :　　　, 　　연락처　　　　　　　) □ 고소대리인 (성명 : 변호사,　　연락처　　　　　　)		

2.피고소인

성　　명	○ ○ ○	주민등록번호	생략
주　　소	김천시 ○○로 ○길 ○○○, ○○○호		
직　　업	무직	사무실 주　소 　모릅니다.	
전　　화	(휴대폰) 010 - 4589 - 0000		
이 메 일			
기타사항	고소인과의 관계 - 친·인척관계 없습니다.		

3.고소취지

고소인은 피고소인에 관하여 채무자회생 및 파산에 관한 법률 제650조 사기파산죄로 고
소하오니, 귀 수사기관께서 엄정히 수사하셔서, 그 혐의가 발견되면 엄히 처벌하여 주시기
바랍니다.

4.고소내용

(1) 고소인과 피고소인의 관계

고소인은 경상북도 김천시 황금로 ○○, ○○○호에서 식당을 운영하고 있고, 피고소인은 고소인이 운영하는 식당 옆에서 양품점을 운영하다가 3년 전 남편하고 이혼하고 현재는 허드렛일을 하고 있습니다.

(2) 고소인이 피고소인에게 금전대여

피고소인은 ○○○○. ○○. ○○. 고소인에게 찾아와 남편이 경상북도 어모면 소재에서 공장을 운영하는데 자재대금이 모자라 일을 하지 못한다며 3,000만원을 빌려주면 남편이 일을 해서 납품하면 늦어도 30일 안에는 갚겠다고 간곡히 부탁하여 금 3,000만원을 빌려주고 이에 대한 근거로 차용증과 현금보관증을 받았습니다.

변제기일이 훨씬 지나도록 연락도 없고 돈을 변제하지 않아 수소문을 하고 있을 때 ○○○○. ○○. ○○. 대구지방법원 김천지원에서 피고소인이 신청한 ○○○○하단○○○○호 파산 및 면책신청서에 대한 진술서를 받았습니다.

(3) 사기파산죄

피고소인은 고소인으로부터 ○○○○. ○○. ○○. 금 3, 000만원을 차용할 때 남편이 운영하는 공장의 자재대금이 없어서 일을 못한다며 자재대금조로 돈을 빌려갔으나 피고소인은 고소인에게 돈을 빌리기 전 이미 남편하고 이혼을 하였고, 이혼하면서 무려 5천 6천만 원의 보증채무를 부담하고 있었고, 달리 소유한 재산이 전혀 없어 고소인으로부터 돈을 빌리더라도 변제할 의사나 능력이 없었음에도 불구하고 대구지방법원 김천지원 ○○○○하단○○○○호 파산 및 면책신청을 ○○○○○. ○○. ○○. 하기 불과 10일 전까지 여러 피해자들로부터 거짓말을 하여 총 123,000,000원의 돈을 빌려서 채무변제와 생활비 등으로 사용하고 파산 및 면책신청서를 제출한 것은 사기죄를 구성합니다.

위와 같은 이러한 사실은 채무자회생 및 파산에 관한 법률 제650조"채무자가 파산선고의 전후를 불문하고 자기 또는 타인의 이익을 도모하거나 채권자를 해할 목적으로 다음 각 호(1호. 파산재단에 속하는 재산을 은닉 또는 손괴하거나 채권자에게 불이익하게 처분을 하는 행위)에 해당하는 행위를 하고, 그 파산선고가 확정된 때에는 10년 이하의 징역 또는 1억 원 이하의 벌금에 처한다."는 규정에 의거 사기파산죄로 다스려져야 옳다고 사료됩니다.

5.증거자료

□ 고소인은 고소인의 진술 외에 제출할 증거가 없습니다.

■ 고소인은 고소인의 진술 외에 제출할 증거가 있습니다.

☞ 제출할 증거의 세부내역은 별지를 작성하여 첨부합니다.

6.관련사건의 수사 및 재판 여부

① 중복 신고여부	본 고소장과 같은 내용의 진정서 또는 고소장을 다른 검찰청 또는 경찰서에 제출하거나 제출하였던 사실이 있습니다 □ / 없습니다 ■
② 관련 형사사건 수사 유무	본 고소장에 기재된 범죄사실과 관련된 사건 또는 공범에 대하여 검찰청이나 경찰서에서 수사 중에 있습니다 □ / 수사 중에 있지 않습니다 ■
③ 관련 민사소송 유무	본 고소장에 기재된 범죄사실과 관련된 사건에 대하여 법원에서 민사소송 중에 있습니다 □ / 민사소송 중에 있지 않습니다 ■

7.기타

본 고소장에 기재한 내용은 고소인이 알고 있는 지식과 경험을 바탕으로 모두 사실대로 작성하였으며, 만일 허위사실을 고소하였을 때에는 형법 제156조 무고죄로 처벌받을 것임을 서약합니다.

○○○○년 ○○ 월 ○○ 일

위 고소인 : ○ ○ ○   (인)

김천경찰서장 귀중

별지 : 증거자료 세부 목록

    (범죄사실 입증을 위해 제출하려는 증거에 대하여 아래 각 증거별로 해당 난을 구체적으로 작성해 주시기 바랍니다)

1.인적증거

성 명	○ ○ ○		주민등록번호	생략	
주 소	자택 : 김천시 ○○로 ○○-○○호 직장 : 구미시 ○○로 ○○○, ○○○호			직업	공사업
전 화	(휴대폰) 010 - 3211 - 0000				
입증하려는 내 용	위 ○○○은 고소인에게 피고소인이 돈을 빌릴 때 입회하는 등 소상히 잘 알고 있으므로 이를 입증하고자 합니다.				

2.증거서류

순번	증 거	작성자	제출 유무
1	파산신청서	피고소인	■ 접수시 제출　□ 수사 중 제출
2	차용증	피고소인	■ 접수시 제출　□ 수사 중 제출
3	현금보관증	피고소인	■ 접수시 제출　□ 수사 중 제출
4			□ 접수시 제출　□ 수사 중 제출
5			□ 접수시 제출　□ 수사 중 제출

3.증거물

순번	증 거	소유자	제출 유무
1	파산신청서	고소인	■ 접수시 제출　□ 수사 중 제출
2	차용증서	고소인	■ 접수시 제출　□ 수사 중 제출
3	현금보관증	고소인	■ 접수시 제출　□ 수사 중 제출
4			□ 접수시 제출　□ 수사 중 제출
5			□ 접수시 제출　□ 수사 중 제출

4.기타증거

추후 필요에 따라 제출하겠습니다.

고　　소　　장

고　소　인 : ○　　○　　○

피　고소인 : ○　　○　　○

서울 중앙지방검찰청 귀중

고 소 장

1. 고 소 인

성 명	○ ○ ○	주민등록번호	생략
주 소	서울시 ○○구 ○○로○길 ○○○-○○○○호		
직 업	사업	사무실 주 소	생략
전 화	(휴대폰) 010 - 1234 - 0000		
이 메 일			
대리인에 의한 고 소	□ 법정대리인 (성명 : , 연락처) □ 고소대리인 (성명 : 변호사,연락처)		

2. 피고소인

성 명	○ ○ ○	주민등록번호	생략
주 소	서울시 ○○구 ○○로○○길 ○○○-○○		
직 업	○○	사무실 주 소	생략
전 화	(휴대폰) 010 - 0000 - 0000		
이 메 일			
기타사항	고소인과의 관계 - 친·인척관계 없습니다.		

3. 고소취지

고소인은 피고소인을 형법 제347조 제1항 사기죄로 고소하오니 철저히 수사를 하시어 법에 준엄함을 깨달을 수 있도록 의법 처단하여 주시기 바랍니다.

4.범죄사실

(1) 적용법조

형법 제347조(사기) 제1항 사람을 기망하여 재물의 교부를 받거나 재산상의 이익을 취득한 자는 10년 이하의 징역 또는 2,000만 원 이하의 벌금에 처한다.

(2) 당사자 관계

고소인은 현재 개인 사업을 하고 있고, 피고소인은 현재 위 주소지에서 ○○○○이라는 ○○을 차려놓고 ○○으로 행세하는 자로써 ○○○○. ○○. ○○.지인의 소개로 피고소인을 알게 되었습니다.

(3) 피고소인의 기망의 실체

1) 카지노 투자사기

피고소인은 ○○○○. ○○. ○○. 고소인에게 찾아와 베트남에 있는 호텔조감도를 보여주면서 여기에 운영하는 카지노에 4,000만원을 주면 투자하고 고소득을 올려주겠다고 해서 고소인은 금 4,000만원을 피고소인에게 교부하였습니다.

그 후 피고소인은 고소인에게 위 호텔의 카지노가 잘 돌아가고 있다며 카지노를 운영하는데 자금이 더 필요하며 지노 운영비명목으로 ○○○○. ○○. ○○.부터 수차례에 걸쳐 금 8,000만원을 추가로 요구하여 총 1억 2,000만원을 교부하였습니다.

그러나 호텔카지노는 당초부터 있지도 않았을 뿐 아니라 고소인에게 제시한 조감도 또한 거짓이었고 피고소인은 고소인으로부터 교부받은 위 1억 2,000만원은 호텔카지노에 투자한 사실도 없고 모두 편취한 것으로 별지 첨부한 사실확인 및 이행각서와 같이 피고소인이 스스로 자인하였습니다.

2) 개발수주관련 사기

피고소인은 ○○○○. ○○. ○○. ○○그룹 ○○○ 회장을 개인적으로 잘 아는데
그 ○○○ 회장이 ○○○라는 상호로 ○○○○소재에 ○○개발 사업을 하고 있는데
그 개발사업에 대한 공사를 수주받기로 했다면서 고소인에게 임대보증금 8,000만
원, 피고소인의 경비 6,000만원을 포함하여 총 1억 4,000만원을 주면 앞서 카지
노와 관련한 돈 1억 2,000만원을 포함해 갚을 수 있다고 해서 고소인으로서는 이
말을 믿고 또 <u>1억 4,000만원</u>을 피고소인에게 교부했습니다.

○○○라는 개발회사가 ○○○○ 소재에서 개발사업은 진행되고 있는 것은 사실이
지만, 그 공사수주는 불투명하고 피고소인은 ○○○의 실질적인 사주인 ○○그룹의
○○○ 회장과는 막연한 사이인지 전혀 근거가 없을 뿐 기망의 술책으로 내세운 것
으로 보여 지고 아직까지 이렇다 할 ○○○와의 수주계약은 없는데 자신은 ○○으
로써 ○○○으로 돈을 받아도 법에 저촉이 되지 않는다며 부산에 있는 주식회사 ○
○○○라는 회사로부터 시주라는 명목으로 돈을 뜯어내는 등 사기행각을 일삼고 있
습니다.

3) 주식매입 사기

피고소인은 ○○○○. ○○. ○○. 고소인에게 ○○○○이라는 회사를 잘 아는데 위
회사의 주식이 앞으로 많이 올라간다고 하면서 고소인에게 위 회사의 주식 당시 매
매가 1,700원 가는 주식을 1,100원에 매입해 주겠다고 거짓말을 하여 이에 속은
고소인으로부터 즉석에서 <u>금 7,000만원</u>을 교부했습니다.

피고소인은 고소인으로부터 위 ○○○○에서 발행하는 주식을 1,100원에 63,000
주를 구입해 주겠다고 속이고 그 주식매입대금으로 금 7,000만원을 교부받아놓고
위 ○○○○의 주식은 1주도 매입하지 않고 편취하였습니다.

(4) 기망

1) 피고소인이 거짓말로 베트남에 건축 중인 호텔의 카지노에 투자하라고 한 것은 모
두 거짓말입니다.

처음부터 호텔카지노는 있지도 않았던 것을 고소인을 속이고 고소인으로 하여금
4,000만원을 편취해놓고 수차례에 걸쳐 호텔카지노의 운영비명목으로 8,000돈을
뜯어간 것이 밝혀져 고소인이 고소하겠다고 하면 또 다른 ○○○○ ○○○라는 개
발업체의 사업권을 수주를 받아 변제하겠다고 싹싹 비는 바람에 또 속아 1억
4,000만원을 사기 당하고 또 다른 ○○○○이라는 회사의 주식을 매입해 주겠다고
속이고 7,000만원을 교부받아 <u>합계 금 330, 000,000원</u>을 편취한 사실이 있습니
다.

(5) 사실확인 및 이행각서 작성경위

고소인은 전술한 바와 같이 피고소인에게 오랜 기간에 걸쳐 사기를 당한 것이 너무나
억울하고 분해서 수도 없이 약속했지만 밥 먹듯이 숨기고 거짓말을 하는 것이 너무나
괘씸해서 지금까지 있었던 내용을 작성해 피고소인에게 자필서명을 하게 하였든 바,
피고소인은 별지 첨부한 사실확인 및 이행각서를 모두 읽고 스스로 수정한 후 모든
범행일체를 자백했습니다.

(6) 결론

고소인으로서는 ○○으로서의 자질도 못되고 툭 하면 거짓말을 앞세워 ○○명목으로
수많은 사람들로부터 돈을 뜯어내는 인간에게 경종을 울리고 싶고 다시는 이러한 일이
없었으면 하는 아음 간절하여 피고소인을 사기죄로 고소하오니 법이 허용하는 범위 내
에서 엄히 처벌하여 주시기 바랍니다.

5.증거자료

□ 고소인은 고소인의 진술 외에 제출할 증거가 없습니다.

■ 고소인은 고소인의 진술 외에 제출할 증거가 있습니다.

☞ 제출할 증거의 세부내역은 별지를 작성하여 첨부합니다.

6.관련사건의 수사 및 재판 여부

① 중복 신고여부	본 고소장과 같은 내용의 진정서 또는 고소장을 다른 검찰청 또는 경찰서에 제출하거나 제출하였던 사실이 있습니다 □ / 없습니다 ■
② 관련 형사사건 수사 유무	본 고소장에 기재된 범죄사실과 관련된 사건 또는 공범에 대하여 검찰청이나 경찰서에서 수사 중에 있습니다 □ / 수사 중에 있지 않습니다 ■
③ 관련 민사소송 유무	본 고소장에 기재된 범죄사실과 관련된 사건에 대하여 법원에서 민사소송 중에 있습니다 □ / 민사소송 중에 있지 않습니다 ■

7.기타

본 고소장에 기재한 내용은 고소인이 알고 있는 지식과 경험을 바탕으로 모두 사실대로 작성하였으며, 만일 허위사실을 고소하였을 때에는 형법 제156조 무고죄로 처벌받을 것임을 서약합니다.

○○○○ 년 ○○ 월 ○○ 일

위 고소인 :　○　○　○　　(인)

서울 중앙지방검찰청 귀중

별지 : 증거자료 세부 목록

　　　　(범죄사실 입증을 위해 제출하려는 증거에 대하여 아래 각 증거별로 해당 난을 구체적으로
　　　　작성해 주시기 바랍니다)

1.인적증거

성　명		주민등록번호		
주　소			직업	
전　화	(휴대폰)			
입증하려는 내　용				

2.증거서류

순번	증　거	작성자	제출 유무
1	입출금내역서	고소인	■ 접수시 제출　　□ 수사 중 제출
2	이행각서	피고소인	■ 접수시 제출　　□ 수사 중 제출
3			□ 접수시 제출　　□ 수사 중 제출
4			□ 접수시 제출　　□ 수사 중 제출
5			□ 접수시 제출　　□ 수사 중 제출

3.증거물

순번	증　거	소유자	제출 유무
1	입출금내역서	고소인	■ 접수시 제출　　□ 수사 중 제출
2	각서	고소인	■ 접수시 제출　　□ 수사 중 제출
3			□ 접수시 제출　　□ 수사 중 제출
4			□ 접수시 제출　　□ 수사 중 제출
5			□ 접수시 제출　　□ 수사 중 제출

4.기타증거

　추후 필요에 따라 제출하겠습니다.

【서식】강제집행면탈죄 등 유치권설정한 재산을 은닉 손괴 빼돌림 처벌요구

고 소 장

고 소 인 : ○   ○   ○

피 고 소 인 : ○   ○   ○

서울 영등포경찰서장 귀중

고 소 장

1. 고소인

성 명	○ ○ ○	주민등록번호	생략
주 소	서울시 양천구 ○○로 ○○길 ○○, ○○○-○○○○호		
직 업	생략	사무실 주 소	생략
전 화	(휴대폰) 010 - 2345 - 0000		
이 메 일			
대리인에 의한 고 소	□ 법정대리인 (성명 : , 연락처) □ 소송대리인 (성명 : 변호사, 연락처)		

2. 피고소인

성 명	○ ○ ○	주민등록번호	생략
주 소	서울시 영등포구 ○○로○번길 ○○, ○○○호		
직 업	상업	사무실 주 소	생략
전 화	(휴대폰) 010 - 1678 - 0000		
이 메 일			
기타사항	고소인과의 관계 - 친·인척관계 없습니다.		

3. 고소취지

고소인은 피고소인에 관하여 다음과 같이 형법 제327조(강제집행면탈죄) 등으로 고소하오니 법에 준엄함을 깨달을 수 있도록 철저히 수사하여 엄벌에 처해 주시기 바랍니다.

4. 범죄사실

(1) 고소인은 경기도 김포시 대곶면 ○○서로 ○○○, 소재에 공장을 ○○○○. ○○. ○○. 부터 건립하기 시작하여 ○○○○. ○○. ○○. 공사를 완료하고 준공검사를 받았습

니다.

(2) 위 공장의 소유권자는 최초 명의상만, ○○○으로 되어 있다가 ○○○이 신용불량자여서 대출을 받기 어려워 그의 형 ○○○으로 소유권자가 변경되었다가 다시 고소 외 ○○○건설이 처분금지가처분을 신청하였고, ○○마을금고에서 경매를 신청하는 등 운영상의 어려움을 겪는 차에 경매문제를 해결하기 위하여 다시 고소 외 ○○○의 명의로 변경한바, ○○○이 위 공장을 담보로 농협에서 대출을 5억 원 받아서 3억 원은 ○○마을금고에 대출금을 상환하고 2,50 0만원은 ○○○건설에 공사대금을 변제하고, ○○○건설이 한 가처분 및 근저당권을 말소한 후, 나머지 1억 8,000만원으로 공장을 정상가동하기로 하고 ○○○과 약속을 한 다음, 이를 믿고 있던 피고소인은 고소인을 배신하고 2억 5,000만원을 ○○교역으로 근저당권설정등기를 하여 피해를 입히고, ○○은행에 대한 대출금 3억 원 때문에 위 공장에 대하여 다시 ○○은행으로부터 압류를 당하게 하였습니다.

(3) 한편, 위 대출금 5억 원을 빌려준 농협에서 경매를 신청하여 결국 위 공장 및 대지 모두 주식회사 ○○○○으로 경락되게 된 것입니다.

(4) 고소인은 기초공사를 하였고, ○○○은 장비대여를 하는 등, 위 공장 건립에 대하여 공사대금을 청구할 권리가 있었습니다.

    따라서 고소인은 위 경매일시인 ○○○○. ○○. ○○. 이전인 ○○○○. ○○. ○○.위 고소인에 대한 공사대금청구채권 금 684,000,000원에 대하여 유치권을 설정하였습니다.

(5) 그런데 피고소인은 ○○○○. ○○. ○○. 13:00경 그의 직원을 시켜서 위 유치권 대상인 에어컨 6대, 냉장고 3대, 생산된 자재 50대, 사무집기 고가품, 컴퓨터 16대, 합계 1억 원 상당의 물건을 임의대로 반출하여, 공장 밖에 있는 마당에 천막을 치고 보관하여 위 물건 등의 효용을 해하는 행위를 하였습니다.

(6) 피고소인의 이러한 행위는 피고소인들의 유치권에 기한 강제집행을 면할 목적으로 위 물건 등의 재산을 일부 은닉, 손괴한 것으로서, 고소인의 권리를 해친 것으로 밖에 볼 수 없습니다.

따라서 위 피고소인의 행위는 강제집행면탈 혹은 재물손괴로 볼 수밖에 없는 바, 법에 의하여 엄벌에 처해 주시기 바랍니다.

5.증거자료

□ 고소인은 고소인의 진술 외에 제출할 증거가 없습니다.

■ 고소인은 고소인의 진술 외에 제출할 증거가 있습니다.

☞ 제출할 증거의 세부내역은 별지를 작성하여 첨부합니다.

6.관련사건의 수사 및 재판 여부

① 중복 고소여부	본 고소장과 같은 내용의 고소장을 다른 검찰청 또는 경찰서에 제출하거나 제출하였던 사실이 있습니다 □ / 없습니다 ■
② 관련 형사사건 수사유무	본 고소장에 기재된 범죄사실과 관련된 사건 또는 공범에 대하여 검찰청이나 경찰서에서 수사 중에 있습니다 □ / 수사 중에 있지 않습니다 ■
③ 관련 민사소송 유무	본 고소장에 기재된 범죄사실과 관련된 사건에 대하여 법원에서 민사소송 중에 있습니다 □ / 민사소송 중에 있지 않습니다 ■

7.기타

본 고소장에 기재한 내용은 고소인이 알고 있는 지식과 경험을 바탕으로 모두 사실대로 작성하였으며, 만일 허위사실을 고소하였을 때에는 형법 제156조 무고죄로 처벌받을 것임을 아울러 서약합니다.

○○○○ 년 ○○ 월 ○○ 일

위 고소인 : ○　○　○　　(인)

서울 영등포경찰서장 귀중

별지 : 증거자료 세부 목록

　　　　(범죄사실 입증을 위해 제출하려는 증거에 대하여 아래 각 증거별로 해당 난을 구체적으로 작성해 주시기 바랍니다)

1. 인적증거

성　　명	○ ○ ○	주민등록번호	생략		
주　　소	서울시 강서구 ○○로 ○길 ○○, ○○○호			직업	회사원
전　　화	(휴대폰) 010 - 4998 - 0023				
입증하려는 내　용	위 ○○○은 위 회사에 근무하면서 피고소인이 물건 등을 빼돌리고 무단 방치하여 사용이 불기능 하게 한 사실에 대하여 목격하여 이를 입증하고자 합니다.				

2. 증거서류

순번	증　　거	작성자	제출 유무
1	은닉한 물건목록	고소인	■ 접수시 제출　　□ 수사 중 제출
2	물건들에 대한 사진	고소인	■ 접수시 제출　　□ 수사 중 제출
3			□ 접수시 제출　　□ 수사 중 제출
4			□ 접수시 제출　　□ 수사 중 제출
5			□ 접수시 제출　　□ 수사 중 제출

3. 증거물

순번	증　　거	소유자	제출 유무
1	유치권설정계약서	고소인	■ 접수시 제출　　□ 수사 중 제출
2			□ 접수시 제출　　□ 수사 중 제출
3			□ 접수시 제출　　□ 수사 중 제출
4			□ 접수시 제출　　□ 수사 중 제출
5			□ 접수시 제출　　□ 수사 중 제출

4. 기타증거

　　추후 필요에 따라 제출하겠습니다.

고　　소　　장

고　소　인 :　○　　　○　　　○

피　고　소　인 :　○　　○　　○　외1명

부산 해운대경찰서장 귀중

고　소　장

1.고소인

성　　명	○ ○ ○	주민등록번호	생략
주　　소	부산시 해운대구 ○○로 ○길 ○○, ○○○-○○○○호		
직　　업	생략	사무실 주　소	생략
전　　화	(휴대폰) 010 - 1123 - 0000		
이 메 일			
대리인에 의한 고　　소	□ 법정대리인 (성명 :　　　,　　　　　연락처　　　　　) □ 소송대리인 (성명 : 변호사,　　　　연락처　　　　　)		

2.피고소인1

성　　명	○ ○ ○	주민등록번호	생략
주　　소	부산시 해운대구 ○○로○번길 ○○, ○○○호		
직　　업	무지	사무실 주　소	생략
전　　화	(휴대폰) 010 - 1678 - 0000		
이 메 일			
기타사항	고소인과의 관계 - 친·인척관계 없습니다.		

피고소인2

성　　명	○ ○ ○	주민등록번호	생략
주　　소	부산시 ○○구 ○○로 ○길 ○○, ○○○-○○○○호		
직　　업	무지	사무실 주　소	생략
전　　화	(휴대폰) 010 - 8878 - 0000		
이 메 일			
기타사항	고소인과의 관계 - 친·인척관계 없습니다.		

3.고소취지

피고소인들은 가까운 친척지간으로 공모하여 강제집행을 면탈할 목적으로 피고소인1 소유의 부산시 해운대구 ○○로 ○○○, 대지 ○○.○○○㎡와 동 지상 단독주택 건물 1동 ○○○.○○㎡ 그리고 같은 ○○로 ○○, 전 ○○.○○㎡를 ○○○○.○○. ○○. 피고소인2에게 매매를 원인으로 소유권이전등기를 경료하여 허위로 양도한 사실이 있으므로 형법 제327조(강제집행면탈죄)로 고소하오니 법에 준엄함을 깨달을 수 있도록 철저히 수사하여 엄벌에 처해 주시기 바랍니다.

4.범죄사실

(1) 고소인은 ○○○○. ○○. ○○.고소 외 ○○○(전화번호 010-1234-0000번)을 통하여 피고소인1으로부터 주식회사 ○○건설이 발행한 액면가 7,400만 원 권 당좌수표 1매를 교부받으면서 이 당좌수표에 대한 할인금을 주었는데 이 당좌수표가 ○○○○. ○○. ○○.부도 처리되었습니다.

그런데 피고소인1은 위와 같이 고소인으로부터 당좌수표를 할인받은 것에 대하여 개인자격으로 고소인에게 별지 첨부한 차용증을 작성하여 주어, 고소인이 소지하고 있습니다.

(2) 고소인과 고소 외 ○○○은 위와 같이 할인하여 준 당좌수표들이 부도된 것을 알게 되자 즉시 주식회사 ○○건설과 피고소인1의 개인재산에 대하여 강제집행을 하려고 재산을 파악하였습니다.

(3) 고소인이 피고소인1의 재산을 파악하던 중 피고소인1의 소유인 부산시 해운대구 ○○로 ○○○, 대지 ○○.○○○㎡와 동 지상 단독주택 건물 1동 ○○○.○○㎡를 위 당좌수표가 부도가 난 다음날에 피고소인2에게 매매를 원인으로 하여 소유권이전등기를 경료 한 사실을 알게 되었습니다.

(4) 고소인이 위 부동산에 대하여 알아본 바에 의하면 지상건물을 제외하더라도 토지의 가격만 6억 원이 넘는다고 말하고 있는데 등기부등본에 보면 당좌수표가 부도난 다음날에 3억 2,000만원으로 피고소인2에게 매매한 것으로 기재되어 있으나 실제로 매매를 하지 않고 고소인의 채무의 강제집행을 면탈할 목적으로 피고소인들이 짜고 허위로 양도한 것임을 인정할 수 있습니다.

(5) 강제집행면탈의 범죄는 피고소인들이 짜고 거짓으로 진술하는 것이 특징입니다. 그런데 두 피고소인들을 동시에 소환하여 분리신문을 하면서 자세히 매매대금의 지급과정 등의 사실관계를 조사하면 거짓 변소를 깨뜨릴 수 있다고 확신하오니 분리신문을 하면서 면밀하게 수사하여 피고소인들을 엄벌에 처하여 주시기 바랍니다.

5.증거자료

□ 고소인은 고소인의 진술 외에 제출할 증거가 없습니다.

■ 고소인은 고소인의 진술 외에 제출할 증거가 있습니다.

☞ 제출할 증거의 세부내역은 별지를 작성하여 첨부합니다.

6.관련사건의 수사 및 재판 여부

① 중복 고소여부	본 고소장과 같은 내용의 고소장을 다른 검찰청 또는 경찰서에 제출하거나 제출하였던 사실이 있습니다 □ / 없습니다 ■
② 관련 형사사건 수사유무	본 고소장에 기재된 범죄사실과 관련된 사건 또는 공범에 대하여 검찰청이나 경찰서에서 수사 중에 있습니다 □ / 수사 중에 있지 않습니다 ■
③ 관련 민사소송 유무	본 고소장에 기재된 범죄사실과 관련된 사건에 대하여 법원에서 민사소송 중에 있습니다 □ / 민사소송 중에 있지 않습니다 ■

7.기타

본 고소장에 기재한 내용은 고소인이 알고 있는 지식과 경험을 바탕으로 모두 사실대로 작성하였으며, 만일 허위사실을 고소하였을 때에는 형법 제156조 무고죄로 처벌받을 것임을 아울러 서약합니다.

○○○○ 년 ○○ 월 ○○ 일

위 고소인 : ○   ○   ○   (인)

부산 해운대경찰서장 귀중

별지 : 증거자료 세부 목록

　　　(범죄사실 입증을 위해 제출하려는 증거에 대하여 아래 각 증거별로 해당 난을 구체적으로 작성해 주시기 바랍니다)

1. 인적증거

성　명	○ ○ ○	주민등록번호	생략		
주　소	부산시 ○○구 ○○로 ○길 ○○, ○○○호			직업	회사원
전　화	(휴대폰) 010 - 2299 - 0000				
입증하려는 내　용	위 ○○○은 피고소인1이 고소인에게 차용증을 교부한 사실과 위 부동산의 거래가격에 대하여 소상하게 잘 알고 있어 이를 입증하고자 합니다.				

2. 증거서류

순번	증　거	작성자	제출 유무	
1	차용증	고소인	■ 접수시 제출	□ 수사 중 제출
2	등기부등본	고소인	■ 접수시 제출	□ 수사 중 제출
3			□ 접수시 제출	□ 수사 중 제출
4			□ 접수시 제출	□ 수사 중 제출
5			□ 접수시 제출	□ 수사 중 제출

3. 증거물

순번	증　거	소유자	제출 유무	
1	차용증	고소인	■ 접수시 제출	□ 수사 중 제출
2			□ 접수시 제출	□ 수사 중 제출
3			□ 접수시 제출	□ 수사 중 제출
4			□ 접수시 제출	□ 수사 중 제출
5			□ 접수시 제출	□ 수사 중 제출

4. 기타증거

　　　추후 필요에 따라 제출하겠습니다.

고   소   장

고 소 인 : ○   ○   ○

피 고 소 인 : ○   ○   ○

대전 둔산경찰서장 귀중

<h1 align="center">고　　소　　장</h1>

1.고소인

성　명	○ ○ ○		주민등록번호	생략
주　소	대전시 ○○구 ○○로 ○○길 ○○, ○○○-○○○○호			
직　업	생략	사무실 주　소	생략	
전　화	(휴대폰) 010 - 1789 - 0000			
이 메 일				
대리인에 의한 고　소	□ 법정대리인 (성명 :　　　,　　　　　연락처　　　　　) □ 소송대리인 (성명 : 변호사,　　　　연락처　　　　　)			

2.피고소인

성　명	○ ○ ○		주민등록번호	생략
주　소	대전시 ○○구 ○○로○번길 ○○, ○○○호			
직　업	상업	사무실 주　소	생략	
전　화	(휴대폰) 010 - 9123 - 0000			
이 메 일				
기타사항	고소인과의 관계 - 친·인척관계 없습니다.			

3.고소취지

고소인은 피고소인에 관하여 다음과 같이 형법 제323조(권리행사방해죄)로 고소하오니 법에 준엄함을 깨달을 수 있도록 철저히 수사하여 엄벌에 처해 주시기 바랍니다.

4.범죄사실

(1) 피고소인은 주소지에서 ○○○건설 주식회사라는 상호로 건설업을 하고 있는데 ○○○
　　○. ○○. ○○. 14:20경 고소인이 일하는 ○○마을금고 사무실로 찾아와 현재 회사의

경영상 자금이 급히 필요하여 대출을 신청한다고 하여 고소인은 피고소인의 자산 가치를 담보물을 확인한 결과 피고소인이 건축을 완료한 다세대주택 9세대를 담보로 하여 대출을 해 주었습니다.

(2) 그 후 피고소인은 대출금에 대한 상환기일이 지나도록 이를 변제하지 아니하여 고소인은 위 다세대주택을 근저당권에 기한 절차에 따라 임의경매를 신청하고자 해당 다세대주택을 확인하여 본 결과 담보대출당시 다세대주택에 설치되어 있던 주방용기기 등이 없어진 것을 발견하고 고소인은 피고소인 회사의 직원에게 이를 추궁한 끝에 위 물건들이 피고소인에 의하여 다른 공사현장으로 옮겨 은닉한 사실을 발견하였습니다.

(3) 현재 피고소인은 고소인에게 위 대출금을 한 푼도 상환하지 않은 상태에서 피고소인은 고소인의 권리로 담보된 물건을 취거하여 은닉한 부분에 대하여 전혀 법적의식이 없어 부득이 고소인은 위와 같은 사실을 들어 피고소인을 형법 제323조 권리행사방해죄로 고소하오니 법률이 허용하는 범위 내에서 피고소인을 처벌하여 주시기 바랍니다.

(4) 참고사항으로 피고소인은 일체 전화를 받지 않는 것으로 보아 필시 다른 휴대전화를 가지고 있거나 다른 통화방법에 대해서는 피고소인의 여직원 ○○○(휴대전화 010 - 4543 - 0000번)에게 확인하면 전화연락이 될 것으로 보여집니다.

5.증거자료

□ 고소인은 고소인의 진술 외에 제출할 증거가 없습니다.
■ 고소인은 고소인의 진술 외에 제출할 증거가 있습니다.
☞ 제출할 증거의 세부내역은 별지를 작성하여 첨부합니다.

6.관련사건의 수사 및 재판 여부

① 중복 고소여부	본 고소장과 같은 내용의 고소장을 다른 검찰청 또는 경찰서에 제출하거나 제출하였던 사실이 있습니다 □ / 없습니다 ■
② 관련 형사사건 수사유무	본 고소장에 기재된 범죄사실과 관련된 사건 또는 공범에 대하여 검찰청이나 경찰서에서 수사 중에 있습니다 □ / 수사 중에 있지 않습니다 ■
③ 관련 민사소송 유무	본 고소장에 기재된 범죄사실과 관련된 사건에 대하여 법원에서 민사소송 중에 있습니다 □ / 민사소송 중에 있지 않습니다 ■

7.기타

본 고소장에 기재한 내용은 고소인이 알고 있는 지식과 경험을 바탕으로 모두 사실대로 작성하였으며, 만일 허위사실을 고소하였을 때에는 형법 제156조 무고죄로 처벌받을 것임을 아울러 서약합니다.

○○○○ 년 ○○ 월 ○○ 일

위 고소인 : ○   ○   ○   (인)

대전 둔산경찰서장 귀중

별지 : 증거자료 세부 목록

     (범죄사실 입증을 위해 제출하려는 증거에 대하여 아래 각 증거별로 해당 난을 구체적으로 작성해 주시기 바랍니다)

1. 인적증거

성 명	○ ○ ○	주민등록번호	생략	
주 소	대전시 유성구 ○○로 ○길 ○○, ○○○호		직업	회사원
전 화	(휴대폰) 010 - 4998 - 0000			
입증하려는 내 용	위 ○○○은 고소인과 같이 이 사건 다세대주택을 방문하여 피고소인이 주방기기 등을 옮긴 사실을 사진을 찍는 등 직접 목격한 사실이 있어 이를 입증하고자 합니다.			

2. 증거서류

순번	증 거	작성자	제출 유무
1	취거 은닉한 사진	고소인	■ 접수시 제출　□ 수사 중 제출
2	근저당권설정등기	고소인	■ 접수시 제출　□ 수사 중 제출
3			□ 접수시 제출　□ 수사 중 제출
4			□ 접수시 제출　□ 수사 중 제출
5			□ 접수시 제출　□ 수사 중 제출

3. 증거물

순번	증 거	소유자	제출 유무
1	근저당권설정등기	고소인	■ 접수시 제출　□ 수사 중 제출
2			□ 접수시 제출　□ 수사 중 제출
3			□ 접수시 제출　□ 수사 중 제출
4			□ 접수시 제출　□ 수사 중 제출
5			□ 접수시 제출　□ 수사 중 제출

4. 기타증거

     추후 필요에 따라 제출하겠습니다.

【서식】권리행사방해죄 임대인이 단전하고 가스밸브 차단 처벌요구 고소장

고　　소　　장

고　소　인 :　○　　　○　　　○

피　고　소　인 :　○　　　○　　　○

수원 중부경찰서장 귀중

고 소 장

1.고소인

성 명	○ ○ ○	주민등록번호	생략
주 소	경기도 수원시 ○○구 ○○로 ○○길 ○○, ○○호		
직 업	생략	사무실 주 소	생략
전 화	(휴대폰) 010 - 6780 - 0000		
이 메 일			
대리인에 의한 고 소	☐ 법정대리인 (성명 : , 연락처) ☐ 소송대리인 (성명 : 변호사, 연락처)		

2.피고소인

성 명	○ ○ ○	주민등록번호	생략
주 소	경기도 수원시 ○○구 ○○로 ○번길 ○○, ○○○호		
직 업	상업	사무실 주 소	생략
전 화	(휴대폰) 010 - 1277 - 0000		
이 메 일			
기타사항	고소인과의 관계 - 친·인척관계 없습니다.		

3.고소취지

고소인은 피고소인에 관하여 다음과 같이 형법 제323조(권리행사방해죄) 등으로 고소하오니 법에 준엄함을 깨달을 수 있도록 철저히 수사하여 엄벌에 처해 주시기 바랍니다.

4.범죄사실

(1) 고소인은 경기도 수원시 ○○구 ○○로 ○길 ○○○, 빌라 201호 약 18평형에 대하여 피고소인과 임대차계약을 체결하고 전세기간은 2년으로 정하고 보증금 180,000,000

원을 지급하고 고소인이 지금까지 점유사용하고 있었습니다.

(2) 피고소인은 고소인이 전세계약기간이 끝났는데도 이사를 가지 않는다는 이유로 가스밸브를 차단하고 전기계량기를 단전시키고 출입문을 때려 부수고 신을 신은 채로 그냥 방으로 들어와 화장실문을 발로 차 손괴하였습니다.

(3) 피고소인은 고소인의 점유 또는 권리의 목적이 된 자기 물건을 손괴한 행위는 권리행사방해죄에 해당합니다.

신발을 신고 고소인의 주거에 침입한 행위는 주거침입죄에 해당합니다.

(4) 따라서 피고소인을 손괴에 의한 권리행사방해죄 및 주거침입죄로 철저히 수사하여 법에 준엄함을 깨달을 수 있도록 엄히 처벌해 주시기 바랍니다.

5.증거자료

　□ 고소인은 고소인의 진술 외에 제출할 증거가 없습니다.
　■ 고소인은 고소인의 진술 외에 제출할 증거가 있습니다.
　　☞ 제출할 증거의 세부내역은 별지를 작성하여 첨부합니다.

6.관련사건의 수사 및 재판 여부

① 중복 고소여부	본 고소장과 같은 내용의 고소장을 다른 검찰청 또는 경찰서에 제출하거나 제출하였던 사실이 있습니다 □ / 없습니다 ■
② 관련 형사사건 수사유무	본 고소장에 기재된 범죄사실과 관련된 사건 또는 공범에 대하여 검찰청이나 경찰서에서 수사 중에 있습니다 □ / 수사 중에 있지 않습니다 ■
③ 관련 민사소송 유무	본 고소장에 기재된 범죄사실과 관련된 사건에 대하여 법원에서 민사소송 중에 있습니다 □ / 민사소송 중에 있지 않습니다 ■

7.기타

본 고소장에 기재한 내용은 고소인이 알고 있는 지식과 경험을 바탕으로 모두 사실대로
작성하였으며, 만일 허위사실을 고소하였을 때에는 형법 제156조 무고죄로 처벌받을 것
임을 아울러 서약합니다.

○○○○ 년 ○○ 월 ○○ 일

위 고소인 : ○   ○   ○   (인)

수원 중부경찰서장 귀중

별지 : 증거자료 세부 목록

(범죄사실 입증을 위해 제출하려는 증거에 대하여 아래 각 증거별로 해당 난을 구체적으로 작성해 주시기 바랍니다)

1. 인적증거

성 명	○ ○ ○	주민등록번호	생략		
주 소	수원시 ○○구 ○○로 ○길 ○○, ○○○호			직업	상업
전 화	(휴대폰) 010 - 7123 - 0000				
입증하려는 내 용	위 ○○○은 고소인과 같은 빌라에서 거주하면서 피고소인이 빌라의 출입문을 발로 차고 가스밸브를 차단하고 단전한 사실을 목격하여 이를 입증하고자 합니다.				

2. 증거서류

순번	증 거	작성자	제출 유무
1	출입문 스크린샷	고소인	■ 접수시 제출　□ 수사 중 제출
2	배전판절단 사진	고소인	■ 접수시 제출　□ 수사 중 제출
3			□ 접수시 제출　□ 수사 중 제출
4			□ 접수시 제출　□ 수사 중 제출
5			□ 접수시 제출　□ 수사 중 제출

3. 증거물

순번	증 거	소유자	제출 유무
1	배전판절단 사진	고소인	■ 접수시 제출　□ 수사 중 제출
2			□ 접수시 제출　□ 수사 중 제출
3			□ 접수시 제출　□ 수사 중 제출
4			□ 접수시 제출　□ 수사 중 제출
5			□ 접수시 제출　□ 수사 중 제출

4. 기타증거

추후 필요에 따라 제출하겠습니다.

고　소　장

고　소　인 : ○　　○　　○

피　고소인 : ○　　○　　○

창원 중부경찰서장 귀중

고 소 장

1.고소인

성 명	○ ○ ○		주민등록번호	생략
주 소	창원시 ○○구 ○○로 ○○길 ○○, ○○○-○○○○호			
직 업	생략	사무실 주 소	생략	
전 화	(휴대폰) 010 - 1567 - 0000			
이 메 일				
대리인에 의한 고 소	□ 법정대리인 (성명 : , 연락처) □ 소송대리인 (성명 : 변호사, 연락처)			

2.피고소인

성 명	○ ○ ○		주민등록번호	생략
주 소	창원시 ○○구 ○○로 ○번길 ○○, ○○○-○○○호			
직 업	상업	사무실 주 소	생략	
전 화	(휴대폰) 010 - 9888 - 0000			
이 메 일				
기타사항	고소인과의 관계 - 친·인척관계 없습니다.			

3.고소취지

고소인은 피고소인에 관하여 다음과 같이 형법 제323조(권리행사방해죄)로 고소하오니 법에 준엄함을 깨달을 수 있도록 철저히 수사하여 엄벌에 처해 주시기 바랍니다.

4.범죄사실

(1) 고소인은 ○○○○. ○○. ○○. 피고소인에게 돈을 빌려주면서 자전거 1대를 그 담보로 맡겼습니다.

(2) 피고소인은 ○○○○. ○○. ○○. 마음이 좋지 않는다며 자전거를 달라고 해서 안 된다 돈을 갚으면 자전거를 돌려주겠다고 하였음에도 불구하고 고소인 몰래 위 자전거를 집으로 가져가 버렸습니다.

(3) 피고소인의 이러한 행위는 고소인의 권리의 목적이 된 자기의 물건인 자전거를 취거한 것이므로 절도죄가 아닌 권리행사방해죄로 철저히 수사하여 법에 준엄함을 깨달을 수 있도록 엄히 처벌하여 주시기 바랍니다.

5.증거자료

□ 고소인은 고소인의 진술 외에 제출할 증거가 없습니다.

■ 고소인은 고소인의 진술 외에 제출할 증거가 있습니다.

☞ 제출할 증거의 세부내역은 별지를 작성하여 첨부합니다.

6.관련사건의 수사 및 재판 여부

① 중복 고소여부	본 고소장과 같은 내용의 고소장을 다른 검찰청 또는 경찰서에 제출하거나 제출하였던 사실이 있습니다 □ / 없습니다 ■
② 관련 형사사건 수사유무	본 고소장에 기재된 범죄사실과 관련된 사건 또는 공범에 대하여 검찰청이나 경찰서에서 수사 중에 있습니다 □ / 수사 중에 있지 않습니다 ■
③ 관련 민사소송 유무	본 고소장에 기재된 범죄사실과 관련된 사건에 대하여 법원에서 민사소송 중에 있습니다 □ / 민사소송 중에 있지 않습니다 ■

7.기타

본 고소장에 기재한 내용은 고소인이 알고 있는 지식과 경험을 바탕으로 모두 사실대로 작성하였으며, 만일 허위사실을 고소하였을 때에는 형법 제156조 무고죄로 처벌받을 것임을 아울러 서약합니다.

○○○○ 년 ○○ 월 ○○ 일

위 고소인 : ○   ○   ○   (인)

창원 중부경찰서장 귀중

별지 : 증거자료 세부 목록

　　　(범죄사실 입증을 위해 제출하려는 증거에 대하여 아래 각 증거별로 해당 난을 구체적으로 작성해 주시기 바랍니다)

1. 인적증거

성 명	○ ○ ○	주민등록번호	생략		
주 소	창원시 ○○구 ○○로 ○길 ○○, ○○○호			직업	상업
전 화	(휴대폰) 010 - 7123 - 0000				
입증하려는 내 용	위 ○○○은 고소인이 피고소인에게 돈을 빌려주면서 피고소인 소유의 자전거를 담보로 잡은 사실에 대하여 옆에서 보았고 피고소인이 고소인 몰래 자전거를 취거한 사실에 대해 소상히 알고 있어 이를 입증하고자 합니다.				

2. 증거서류

순번	증 거	작성자	제출 유무
1	자전거스크린샷	고소인	■ 접수시 제출　□ 수사 중 제출
2	차용증서	고소인	■ 접수시 제출　□ 수사 중 제출
3			□ 접수시 제출　□ 수사 중 제출
4			□ 접수시 제출　□ 수사 중 제출
5			□ 접수시 제출　□ 수사 중 제출

3. 증거물

순번	증 거	소유자	제출 유무
1	차용증서	고소인	■ 접수시 제출　□ 수사 중 제출
2			□ 접수시 제출　□ 수사 중 제출
3			□ 접수시 제출　□ 수사 중 제출
4			□ 접수시 제출　□ 수사 중 제출
5			□ 접수시 제출　□ 수사 중 제출

4. 기타증거

　　추후 필요에 따라 제출하겠습니다.

고　　소　　장

고　소　인 :　○　　　○　　　○

피　고소인 :　○　　　○　　　○

울산 중부경찰서장 귀중

고　소　장

1.고소인

성　명	○ ○ ○	주민등록번호	생략
주　소	울산시 ○○구 ○○로 ○○길 ○○, ○○○-○○○○호		
직　업	생략 　사무실 주　소	생략	
전　화	(휴대폰) 010 - 1567 - 0000		
이 메 일			
대리인에 의한 고　소	□ 법정대리인 (성명 :　　,　　　　연락처　　　　) □ 소송대리인 (성명 : 변호사,　　　연락처　　　　)		

2.피고소인

성　명	○ ○ ○	주민등록번호	생략
주　소	울산시 ○○구 ○○로 ○번길 ○○, ○○○-○○○호		
직　업	종업원 　사무실 주　소	생략	
전　화	(휴대폰) 010 - 5654 - 0000		
이 메 일			
기타사항	고소인과의 관계 - 친·인척관계 없습니다.		

3.고소취지

고소인은 피고소인에 관하여 다음과 같이 형법 제323조(권리행사방해죄)로 고소하오니 법에 준엄함을 깨달을 수 있도록 철저히 수사하여 엄벌에 처해 주시기 바랍니다.

4.범죄사실

(1) 고소인은 울산시 ○○구 ○○로 ○○, ○○○호에서 시골마을 이라는 상호로 식당을 운영하고 있고 피고소인은 가스점포의 종업원입니다.

(2) 고소인은 가스통에 가스를 공급받아 음식을 준비하는데 ○○○○. ○○. ○○. 11:20경
한 개의 가스용기를 사용하면 다른 한 개의 가스용기를 연결하여 사용하는데 다른 가
스용기를 연결해 사용하려고 가스용기가 있는 곳으로 갔었는데 피고소인이 가스배달을
나갔다가 고소인의 집 옆에 위 가스점포의 상호가 쓰여 있는 가스용기가 있는 것을
발견하고 이를 임의로 가져갔습니다.

(3) 위 가스용기는 가스점포의 소유이긴 하지만 고소인이 점유하고 사용하고 있던 가스용
기여서 피고소인에게 불법영득의 의사가 없었다고 하더라도 피고소인의 행위는 고소인
의 가스용기사용에 대한 권리를 방해한 것이므로 권리행사방해죄로 철저히 수사하여
엄히 처벌해 주시기 바랍니다.

5.증거자료

　□ 고소인은 고소인의 진술 외에 제출할 증거가 없습니다.

　■ 고소인은 고소인의 진술 외에 제출할 증거가 있습니다.

　　☞ 제출할 증거의 세부내역은 별지를 작성하여 첨부합니다.

6.관련사건의 수사 및 재판 여부

① 중복 고소여부	본 고소장과 같은 내용의 고소장을 다른 검찰청 또는 경찰서에 제출하거나 제출하였던 사실이 있습니다 □ / 없습니다 ■
② 관련 형사사건 수사유무	본 고소장에 기재된 범죄사실과 관련된 사건 또는 공범에 대하여 검찰청이나 경찰서에서 수사 중에 있습니다 □ / 수사 중에 있지 않습니다 ■
③ 관련 민사소송 유무	본 고소장에 기재된 범죄사실과 관련된 사건에 대하여 법원에서 민사소송 중에 있습니다 □ / 민사소송 중에 있지 않습니다 ■

7.기타

본 고소장에 기재한 내용은 고소인이 알고 있는 지식과 경험을 바탕으로 모두 사실대로 작성하였으며, 만일 허위사실을 고소하였을 때에는 형법 제156조 무고죄로 처벌받을 것임을 아울러 서약합니다.

○○○○ 년 ○○ 월 ○○ 일

위 고소인 : ○　○　○　　(인)

울산 중부경찰서장 귀중

별지 : 증거자료 세부 목록

　　(범죄사실 입증을 위해 제출하려는 증거에 대하여 아래 각 증거별로 해당 난을 구체적으로 작성해 주시기 바랍니다)

1. 인적증거

성 명	○ ○ ○	주민등록번호	생략		
주 소	울산시 ○○구 ○○로 ○길 ○○, ○○○호			직업	상업
전 화	(휴대폰) 010 - 2289 - 0000				
입증하려는 내 용	위 ○○○은 고소인이 운영하는 식당 옆에서 식당을 운영하면서 피고소인이 고소인이 사용하는 가스용기를 말도 없이 임의대로 가져간 사실에 대하여 소상하게 잘 알고 있어 이를 입증하고자 합니다.				

2. 증거서류

순번	증 거	작성자	제출 유무
1	목격자진술서	고소인	■ 접수시 제출　□ 수사 중 제출
2	가스통 스크린샷	고소인	■ 접수시 제출　□ 수사 중 제출
3			□ 접수시 제출　□ 수사 중 제출
4			□ 접수시 제출　□ 수사 중 제출
5			□ 접수시 제출　□ 수사 중 제출

3. 증거물

순번	증 거	소유자	제출 유무
1	목격자진술서	고소인	■ 접수시 제출　□ 수사 중 제출
2			□ 접수시 제출　□ 수사 중 제출
3			□ 접수시 제출　□ 수사 중 제출
4			□ 접수시 제출　□ 수사 중 제출
5			□ 접수시 제출　□ 수사 중 제출

4. 기타증거

　　추후 필요에 따라 제출하겠습니다.

고　소　장

고　소　인 :　○　　　○　　　　○

피　고　소　인 :　○　　　○　　　　○

강원 춘천경찰서장 귀중

고　　소　　장

1.고소인

성　　명	○ ○ ○	주민등록번호	생략
주　　소	강원도 춘천시 ○○로 ○○길 ○○, ○○○-○○○○호		
직　　업	생략	사무실 주　소	생략
전　　화	(휴대폰) 010 - 1789 - 0000		
이 메 일			
대리인에 의한 고　　소	□ 법정대리인 (성명 :　　　,　　　　연락처　　　　　) □ 소송대리인 (성명 : 변호사,　　　연락처　　　　　)		

2.피고소인

성　　명	○ ○ ○	주민등록번호	생략
주　　소	강원도 춘천시 ○○로○번길 ○○, ○○○호		
직　　업	상업	사무실 주　소	생략
전　　화	(휴대폰) 010 - 9123 - 0000		
이 메 일			
기타사항	고소인과의 관계 - 친·인척관계 없습니다.		

3.고소취지

고소인은 피고소인에 관하여 다음과 같이 형법 제323조(권리행사방해죄)로 고소하오니 법에 준엄함을 깨달을 수 있도록 철저히 수사하여 엄벌에 처해 주시기 바랍니다.

4.범죄사실

(1) 고소인은 고소 외 ○○○에 대한 채권자입니다.

　　고소 외 ○○○은 고소인의 채무자이면서 간접점유자이고, 피고소인은 공사업자 및 직접점유자입니다.

(2) 고소인이 고소 외 ○○○에게 돈을 빌려 주고 받지 못해 고소 외 ○○○을 상대로 판결을 받아 고소 외 ○○○의 부동산에 대하여 강제경매를 진행하고 있는 중입니다.

(3) 그런데 피고소인이 고소인의 위 채권행사를 방해할 목적으로 고소 외 ○○○의 주택에 대하여 허위로 공사계약을 체결하고 마치 공사대금을 지급받지 못하고 있어 점유하고 있다는 내용으로 유치권을 춘천지방법원에 신고하여 행사하고 있으므로 피고소인의 행위는 신의성실의 원칙에도 위배될 뿐 아니고 채권자인 고소인의 권리행사방해죄가 성립하므로 철저히 조사하여 법이 허용하는 범위 내에서 엄벌에 처하여 주시기 바랍니다.

5.증거자료

□ 고소인은 고소인의 진술 외에 제출할 증거가 없습니다.

■ 고소인은 고소인의 진술 외에 제출할 증거가 있습니다.

☞ 제출할 증거의 세부내역은 별지를 작성하여 첨부합니다.

6.관련사건의 수사 및 재판 여부

① 중복 고소여부	본 고소장과 같은 내용의 고소장을 다른 검찰청 또는 경찰서에 제출하거나 제출하였던 사실이 있습니다 □ / 없습니다 ■
② 관련 형사사건 수사유무	본 고소장에 기재된 범죄사실과 관련된 사건 또는 공범에 대하여 검찰청이나 경찰서에서 수사 중에 있습니다 □ / 수사 중에 있지 않습니다 ■
③ 관련 민사소송 유무	본 고소장에 기재된 범죄사실과 관련된 사건에 대하여 법원에서 민사소송 중에 있습니다 □ / 민사소송 중에 있지 않습니다 ■

7.기타

본 고소장에 기재한 내용은 고소인이 알고 있는 지식과 경험을 바탕으로 모두 사실대로 작성하였으며, 만일 허위사실을 고소하였을 때에는 형법 제156조 무고죄로 처벌받을 것임을 아울러 서약합니다.

○○○○ 년 ○○ 월 ○○ 일

위 고소인 : ○　○　○　　(인)

강원 춘천경찰서장 귀중

별지 : 증거자료 세부 목록

　　　(범죄사실 입증을 위해 제출하려는 증거에 대하여 아래 각 증거별로 해당 난을 구체적으로 작성해 주시기 바랍니다)

1. 인적증거

성　명	○ ○ ○	주민등록번호	생략		
주　소	강원도 춘천시 ○○로 ○길 ○○, ○○○호			직업	회사원
전　화	(휴대폰) 010 - 1233 - 0000				
입증하려는 내　용	위 ○○○은 고소인의 직원으로써 피고소인이 허위로 공사계약을 체결하고 유치권을 신고한 사실에 대하여 소상히 잘 알고 있으므로 이를 입증하고자 합니다.				

2. 증거서류

순번	증　거	작성자	제출 유무
1	유치권신고서	고소인	■ 접수시 제출　□ 수사 중 제출
2	권리신고서	고소인	■ 접수시 제출　□ 수사 중 제출
3			□ 접수시 제출　□ 수사 중 제출
4			□ 접수시 제출　□ 수사 중 제출
5			□ 접수시 제출　□ 수사 중 제출

3. 증거물

순번	증　거	소유자	제출 유무
1	권리신고서	고소인	■ 접수시 제출　□ 수사 중 제출
2			□ 접수시 제출　□ 수사 중 제출
3			□ 접수시 제출　□ 수사 중 제출
4			□ 접수시 제출　□ 수사 중 제출
5			□ 접수시 제출　□ 수사 중 제출

4. 기타증거

　　추후 필요에 따라 제출하겠습니다.

고 소 장

고 소 인 : ○   ○   ○

피 고 소 인 : ○   ○   ○

전북 정읍경찰서장 귀중

고　소　장

1.고소인

성　　명	○ ○ ○	주민등록번호	생략
주　　소	전라북도 정읍시 ○○로 ○○길 ○○, ○○○-○○○○호		
직　　업	생략　｜ 사무실 주　소	생략	
전　　화	(휴대폰) 010 - 6780 - 0000		
이 메 일			
대리인에 의한 고　　소	□ 법정대리인 (성명 :　　　,　　　　　연락처　　　　　) □ 소송대리인 (성명 : 변호사,　　　연락처　　　　　)		

2.피고소인

성　　명	○ ○ ○	주민등록번호	생략
주　　소	전라북도 정읍시 ○○로○번길 ○○, ○○○호		
직　　업	상업　｜ 사무실 주　소	생략	
전　　화	(휴대폰) 010 - 1277 - 0000		
이 메 일			
기타사항	고소인과의 관계 - 친·인척관계 없습니다.		

3.고소취지

고소인은 피고소인에 관하여 다음과 같이 형법 제323조(권리행사방해죄)로 고소하오니 법에 준엄함을 깨달을 수 있도록 철저히 수사하여 엄벌에 처해 주시기 바랍니다.

4.범죄사실

(1) 고소인은 전라북도 정읍시 ○○로 ○길 ○○○, 소재 ○○빌딩 1층 약 27평에 휴게음식 제과점을 운영하고 있고, 피고소인은 위 상가건물에서 ○○마트를 운영하는 위 마트

의 대표입니다.

(2) 고소인은 위 휴게음식점을 ○○○○. ○○. ○○.전 임대인과 보증금 2,000만원에 월세 100만원으로 2년간 임대계약을 체결하고 영업 중, ○○○○. ○○. ○○. 피고소인이 위 ○○○으로부터 위 상가건물을 인수함으로서 사실상 고소인과 ○○○간의 임대차계약을 피고소인이 승계한 것입니다.

(3) 고소인은 영업이 너무나 부진하여 2개월간의 차임을 지불하지 못하였고, 피고소인이 볼 때도 고소인이 너무나 영업이 어려운 것을 목격하게 되어 고소인의 사정을 너무나 잘 알고 있었고, 고소인은 월세를 좀 인하해줄 것을 요구하기도 하면서 더 이상은 버틸 수 없어 하는 수 없이 가게를 인수할 사람을 물색하여 가게를 둘러보러 와 있는 중인 ○○○○. ○○. ○○. 15:30경 고소인의 점포로 연결되어 있는 배전관의 전선을 피고소인이 절단하였습니다.

(4) 피고소인의 이 같은 행위는 권리행사방해죄 또는 고소인의 사비로 1,200,000원을 주고 분할 설치한 계량기이므로 이를 개인재산으로 보면 재물손괴죄에 해당된다고 여겨지므로 처벌을 바라고저 이 사건 고소에 이른 것입니다.

(5) 피고소인은 그간에 고소인에게 명도를 요구한 적도 없고 월세의 미납이 이유라면 내용증명이나 또는 법적절차에 의하지도 아니하고 전기선을 절단해버리고 영업을 하지 못하고 한 행위는 위법하다고 아니할 수 없으므로 철저히 수사하여 처벌하여 주시기 바랍니다.

5.증거자료

□ 고소인은 고소인의 진술 외에 제출할 증거가 없습니다.

■ 고소인은 고소인의 진술 외에 제출할 증거가 있습니다.

☞ 제출할 증거의 세부내역은 별지를 작성하여 첨부합니다.

6.관련사건의 수사 및 재판여부

① 중복 고소여부	본 고소장과 같은 내용의 고소장을 다른 검찰청 또는 경찰서에 제출하거나 제출하였던 사실이 있습니다 □ / 없습니다 ■
② 관련 형사사건 수사유무	본 고소장에 기재된 범죄사실과 관련된 사건 또는 공범에 대하여 검찰청이나 경찰서에서 수사 중에 있습니다 □ / 수사 중에 있지 않습니다 ■
③ 관련 민사소송 유무	본 고소장에 기재된 범죄사실과 관련된 사건에 대하여 법원에서 민사소송 중에 있습니다 □ / 민사소송 중에 있지 않습니다 ■

7.기타

본 고소장에 기재한 내용은 고소인이 알고 있는 지식과 경험을 바탕으로 모두 사실대로 작성하였으며, 만일 허위사실을 고소하였을 때에는 형법 제156조 무고죄로 처벌받을 것임을 아울러 서약합니다.

○○○○ 년 ○○ 월 ○○ 일

위 고소인 : ○ ○ ○   (인)

전북 정읍경찰서장 귀중

별지 : 증거자료 세부 목록

        (범죄사실 입증을 위해 제출하려는 증거에 대하여 아래 각 증거별로 해당 난을 구
        체적으로 작성해 주시기 바랍니다)

1. 인적증거

성 명	○ ○ ○	주민등록번호	생략		
주 소	전라북도 정읍시 ○○로 ○길 ○○, ○○○호			직업	상업
전 화	(휴대폰) 010 - 7123 - 0000				
입증하려는 내 용	위 ○○○은 고소인과 같은 건물에서 장사를 하는 자로서 피고소인이 전원을 임의대로 단전사실에 대하여 직접 목격하여 이를 입증하고자 합니다.				

2. 증거서류

순번	증 거	작성자	제출 유무
1	목격자진술서	고소인	■ 접수시 제출　□ 수사 중 제출
2	배전판절단 사진	고소인	■ 접수시 제출　□ 수사 중 제출
3			□ 접수시 제출　□ 수사 중 제출
4			□ 접수시 제출　□ 수사 중 제출
5			□ 접수시 제출　□ 수사 중 제출

3. 증거물

순번	증 거	소유자	제출 유무
1	배전판절단 사진	고소인	■ 접수시 제출　□ 수사 중 제출
2			□ 접수시 제출　□ 수사 중 제출
3			□ 접수시 제출　□ 수사 중 제출
4			□ 접수시 제출　□ 수사 중 제출
5			□ 접수시 제출　□ 수사 중 제출

4. 기타증거

추후 필요에 따라 제출하겠습니다.

【서식】 강제집행면탈죄 가족에게 공모하여 부동산 허위양도 처벌요구 고소장

고　소　장

고　소　인　:　○　　　○　　　○

피　고　소　인　:　○　　　○　　　○

청주 흥덕경찰서장 귀중

고　소　장

1.고소인

성　　명	○ ○ ○	주민등록번호	생략
주　　소	청주시 흥덕구 ○○로길 ○○○-○○○		
직　　업	생략 / 사무실 주　소	생략	
전　　화	(휴대폰) 010 - 4532 - 0000		
이 메 일			
대리인에 의한 고　　소	□ 법정대리인 (성명 :　　　,　　　　연락처　　　　　) □ 소송대리인 (성명 : 변호사,　　　연락처　　　　　)		

2.피고소인

성　　명	○ ○ ○	주민등록번호	생략
주　　소	청주시 ○○구 ○○로○번길 ○○-○○○		
직　　업	상업 / 사무실 주　소	생략	
전　　화	(휴대폰) 010 - 1275 - 0000		
이 메 일			
기타사항	고소인과의 관계 - 친·인척관계 없습니다.		

3.고소취지

고소인은 피고소인에 관하여 다음과 같이 형법 제327조(강제집행면탈죄)로 고소하오니 법에 준엄함을 깨달을 수 있도록 철저히 수사하여 엄벌에 처해 주시기 바랍니다.

4.범죄사실

(1) 피고소인은 고소인으로부터 ○○○○. ○○. ○○. 금 3,000만원을 차용한 사실이 있으나 그 변제기일에 이르러 채무를 변제하지 않아 고소인이 강제집행을 하려고 준비에 착수하자 이것을 면하기 위해 등기명의이전에 의한 부동산의 허위양도를 하기로 마음

먹었습니다.

(2) 그리하여 피고소인은 ○○○○. ○○. ○○. 사촌 동생인 조○○에게 부탁하여 강제집행
을 당할 우려가 있는 피고소인 소유명의인 충청북도 청주시 흥덕구 ○○로 ○○길 ○
○,에 있는 철근콘크리트조 단층주택 1채 면적 ○○○.○○㎡에 관하여 그의 소유명의
를 위 조○○에게 이전할 것을 승낙받아 그에게 위 주택을 매도하는 내용의 허위매도
증서를 작성하였습니다.

(3) 그리고 같은 해 ○○. ○○. 그 사실을 모르는 법무사 양○○으로 하여금 위 부동산의
매매에 기인한 소유권이전등기신청의 관계서류를 작성하고, 청주지방법원 등기과 담당
직원에게 제출하게 하고 같은 날 위 등기과 당담공무원으로 하여금 그 내용의 권리를
등기하게 하여 위 부동산을 허위양도한 사실로 피고소인을 고소하오니 철저히 조사하
여 법에 의거 엄벌하여 주시기 바랍니다.

5.증거자료

□ 고소인은 고소인의 진술 외에 제출할 증거가 없습니다.

■ 고소인은 고소인의 진술 외에 제출할 증거가 있습니다.

☞ 제출할 증거의 세부내역은 별지를 작성하여 첨부합니다.

6.관련사건의 수사 및 재판 여부

① 중복 고소여부	본 고소장과 같은 내용의 고소장을 다른 검찰청 또는 경찰서에 제출하거나 제출하였던 사실이 있습니다 □ / 없습니다 ■
② 관련 형사사건 수사유무	본 고소장에 기재된 범죄사실과 관련된 사건 또는 공범에 대하여 검찰청이나 경찰서에서 수사 중에 있습니다 □ / 수사 중에 있지 않습니다 ■
③ 관련 민사소송 유무	본 고소장에 기재된 범죄사실과 관련된 사건에 대하여 법원에서 민사소송 중에 있습니다 □ / 민사소송 중에 있지 않습니다 ■

7.기타

본 고소장에 기재한 내용은 고소인이 알고 있는 지식과 경험을 바탕으로 모두 사실대로 작성하였으며, 만일 허위사실을 고소하였을 때에는 형법 제156조 무고죄로 처벌받을 것임을 아울러 서약합니다.

○○○○ 년 ○○ 월 ○○ 일

위 고소인 : ○   ○   ○   (인)

청주 흥덕경찰서장 귀중

별지 : 증거자료 세부 목록

　　　(범죄사실 입증을 위해 제출하려는 증거에 대하여 아래 각 증거별로 해당 난을 구체적으로 작성해 주시기 바랍니다)

1. 인적증거

성　명		주민등록번호		-	
주　소				직업	
전　화	(휴대폰) -				
입증하려는 내　용					

2. 증거서류

순번	증　거	작성자	제출 유무
1	차용증	고소인	■ 접수시 제출　□ 수사 중 제출
2	등기부등본	등기소	■ 접수시 제출　□ 수사 중 제출
3			□ 접수시 제출　□ 수사 중 제출
4			□ 접수시 제출　□ 수사 중 제출
5			□ 접수시 제출　□ 수사 중 제출

3. 증거물

순번	증　거	소유자	제출 유무
1	차용증	고소인	■ 접수시 제출　□ 수사 중 제출
2			□ 접수시 제출　□ 수사 중 제출
3			□ 접수시 제출　□ 수사 중 제출
4			□ 접수시 제출　□ 수사 중 제출
5			□ 접수시 제출　□ 수사 중 제출

4. 기타증거

　　　추후 필요에 따라 제출하겠습니다.

고　　소　　장

고　소　인 :　○　　　○　　　○

피　고　소　인 :　○　　　○　　　○

전주 덕진경찰서장 귀중

고　소　장

1.고소인

성　명	○ ○ ○	주민등록번호	생략
주　소	전주시 덕진구 ○○로 ○○길 ○○, ○○○-○○○○호		
직　업	생략　／사무실 주　소	생략	
전　화	(휴대폰) 010 - 2789 - 0000		
이 메 일			
대리인에 의한 고　소	□ 법정대리인 (성명 :　　　,　　　연락처　　　　) □ 소송대리인 (성명 : 변호사,　　　연락처　　　　)		

2.피고소인

성　명	○ ○ ○	주민등록번호	생략
주　소	전주시 완산구 ○○로○번길 ○○, ○○○호		
직　업	상업　／사무실 주　소	생략	
전　화	(휴대폰) 010 - 1275 - 0000		
이 메 일			
기타사항	고소인과의 관계 - 친·인척관계 없습니다.		

3.고소취지

고소인은 피고소인에 관하여 다음과 같이 형법 제327조(강제집행면탈죄)로 고소하오니 법에 준엄함을 깨달을 수 있도록 철저히 수사하여 엄벌에 처해 주시기 바랍니다.

4.범죄사실

(1) 피고소인은 건축업을 하면서 지급할 능력이 없음에도 거액의 약속어음을 고소인에게

남발하였는데 고소인에게 교부한 위 약속어음의 지급기일이 도래하자 고소인이 피고소인의 재산에 압류 및 강제집행 할 것을 우려한 나머지 피고소인의 소유재산인 건축업회사를 허위로 양도하는 등 고소인의 강제집행을 면할 것을 기도하고 건축업회사 대표이사 ○○○과 공모 결탁하여 ○○○○년○○월○○일 위 회사의 주식 11,000주를 금 110,000,000원으로 평가하고 그 중 7,000주를 대금 4,000만원에 매도하였음에도 불구하고 주식의 전체를 건축업회사의 대표이사 ○○○에게 매도한 것으로 서류를 만들고 내용으로는 전 주식의 70%만 대표이사 ○○○에게 양도하는 것으로 피고소인이 비밀 합의서를 별도로 만든 다음 그 일체의 필요한 서류를 교부했습니다.

(2) 그 후 ○○○○년○○월○○일 전라북도 전주시 덕진구 ○○로 ○○길 ○○○ 소재의 위 회사에서 피고소인은 동 회사의 주식 11,000주를 ○○○에게 양도 하였다는 이사회를 개최하고 만장일치로 승낙한 것처럼 의사회 회의록도 만들었고, 11,000주를 ○○○에게 완전히 배서하여 줌으로써 동 주식 30%에 해당하는 금 3,000만원 상당을 강제집행 불능케 하여 이를 면탈한 것은 형법 제327조 강제집행면탈 죄에 해당하므로 이에 피고소인을 고소하오니 조사하여 엄벌에 처하여 주시기 바랍니다.

(3) 참고사항으로 피고소인은 경찰서 고위간부와 절친한 사이를 강조하면서 고소를 하려면 해보라는 등 압박을 가하는 바람에 고소인으로서도 고소가 흐지부지 되지는 않을 까하는 걱정으로 고민하다가 고소를 결심한 것이오니 철저히 수사해 주셨으면 합니다.

5.증거자료

□ 고소인은 고소인의 진술 외에 제출할 증거가 없습니다.

■ 고소인은 고소인의 진술 외에 제출할 증거가 있습니다.

☞ 제출할 증거의 세부내역은 별지를 작성하여 첨부합니다.

6.관련사건의 수사 및 재판 여부

① 중복 고소여부	본 고소장과 같은 내용의 고소장을 다른 검찰청 또는 경찰서에 제출하거나 제출하였던 사실이 있습니다 □ / 없습니다 ■
② 관련 형사사건 수사유무	본 고소장에 기재된 범죄사실과 관련된 사건 또는 공범에 대하여 검찰청이나 경찰서에서 수사 중에 있습니다 □ / 수사 중에 있지 않습니다 ■
③ 관련 민사소송 유무	본 고소장에 기재된 범죄사실과 관련된 사건에 대하여 법원에서 민사소송 중에 있습니다 □ / 민사소송 중에 있지 않습니다 ■

7.기타

본 고소장에 기재한 내용은 고소인이 알고 있는 지식과 경험을 바탕으로 모두 사실대로 작성하였으며, 만일 허위사실을 고소하였을 때에는 형법 제156조 무고죄로 처벌받을 것임을 아울러 서약합니다.

○○○○ 년 ○○ 월 ○○ 일

위 고소인 : ○　○　○　　(인)

전주 덕진경찰서장 귀중

별지 : 증거자료 세부 목록

     (범죄사실 입증을 위해 제출하려는 증거에 대하여 아래 각 증거별로 해당 난을 구체적으로 작성해 주시기 바랍니다)

1. 인적증거

성 명		주민등록번호	-	
주 소			직업	
전 화	(휴대폰) -			
입증하려는 내 용				

2. 증거서류

순번	증 거	작성자	제출 유무	
1	주식양도계약서	고소인	■ 접수시 제출	□ 수사 중 제출
2	등기부등본	등기소	■ 접수시 제출	□ 수사 중 제출
3			□ 접수시 제출	□ 수사 중 제출
4			□ 접수시 제출	□ 수사 중 제출
5			□ 접수시 제출	□ 수사 중 제출

3. 증거물

순번	증 거	소유자	제출 유무	
1	차용증	고소인	■ 접수시 제출	□ 수사 중 제출
2			□ 접수시 제출	□ 수사 중 제출
3			□ 접수시 제출	□ 수사 중 제출
4			□ 접수시 제출	□ 수사 중 제출
5			□ 접수시 제출	□ 수사 중 제출

4. 기타증거

추후 필요에 따라 제출하겠습니다.

고　소　장

고　소　인 ：　○　　　○　　　○

피　고　소　인 ：　○　　　○　　　○

인천 부평경찰서장 귀중

고　소　장

1.고소인

성　명	○ ○ ○		주민등록번호	생략
주　소	인천시 ○○구 ○○로 ○○길 ○○, ○○○-○○○○호			
직　업	생략	사무실 주　소	생략	
전　화	(휴대폰) 010 - 1789 - 0000			
이 메 일				
대리인에 의한 고　소	□ 법정대리인 (성명 :　　　,　　　　연락처　　　　　) □ 소송대리인 (성명 : 변호사,　　　연락처　　　　　)			

2.피고소인

성　명	○ ○ ○		주민등록번호	생략
주　소	인천시 ○○구 ○○로 ○번길 ○○, ○○○호			
직　업	상업	사무실 주　소	생략	
전　화	(휴대폰) 010 - 8754 - 0000			
이 메 일				
기타사항	고소인과의 관계 - 친·인척관계 없습니다.			

3.고소취지

고소인은 피고소인에 관하여 다음과 같이 형법 제314조(업무방해죄), 형법 제257조 제1항 (상해죄)로 고소하오니 법에 준엄함을 깨달을 수 있도록 철저히 수사하여 엄벌에 처해 주시기 바랍니다.

4.범죄사실

(1) 고소인은 인천시 부평구 ○○로 ○○길 ○○○에 소재한 ○○병원에서 정형외과과장 및 진료부장으로 근무하고 있는 의사이며 피고소인은 ○○○○. ○○. ○○. ○○:○○ ○○병원의 응급실에 내원한 환자입니다.

(2) 피고소인은 ○○○○. ○○. ○○. ○○:○○경 만취한 상태로 길에서 넘어져 우측 눈 주위에 열상(찢어진 상처)을 수상하여 ○○병원 응급실에 내원하였습니다.

당시 응급실 의사 ○○○이 피고소인을 진찰하고 열상부위를 봉합하고 혹시 있을 수 있는 안구 및 안와 골절확인을 위해 CT검사를 권유하자 이에 피고소인은 갑자기 심한 욕설과 함께 난폭한 행동이 시작되었습니다.

(3) 의사 ○○○이 열상부위 봉합술 후에도 지속적으로 심한 욕설(도둑놈새끼, 니가 의사새 끼냐 등등)및 신체를 위협하는 난폭한 행동을 하며 응급실내에서 소란 및 난동을 부렸 습니다.(위 사실은 본원 CCTV및 응급실 간호일지에 기록된 내용 참조)

(4) 고소인이 급한 환자가 있다는 연락을 받고 응급실에 도착한 시각이 ○○○○. ○○. ○ ○. ○○:○○경이며 도착당시 피고소인은 응급실내에서 고성 및 욕설로 당시 의료진의 진료를 방해하고 있었고, 병원집기(진료컴퓨터)를 밀치는 등 난폭한 행동을 하고 있었 습니다.

간호사 및 의사 ○○○에게 상황을 설명 듣고 피고소인에게 구두로 일차 저지를 하였 으나 불응하였고 재차 경찰에 신고하겠다고 경고하였으나 지속적으로 욕설을 하여 응 급실의 업무가 마비되어 하는 수 없이 112에 신고를 하였습니다.

(5) 이후 피고소인은 진료컴퓨터에 앉아 고소인이 진료할 환자의 X-ray사진 및 검사결과를 보고 있는데 피고소인은 다시 들어와 고소인이 경찰에 신고했다고 욕을 하며 고소인의 손목을 잡아끌고 진료를 방해하였습니다.

(6) 피고소인은 환자를 진료하는 고소인에게 씻을 수 없는 심한 모욕 및 신체적 위협을 가하였고 또한 난동을 부리는 약 1시간동안 응급실에 내원한 환자들에게 불안감 및 치료를 받을 권리를 박탈하였습니다.

(7) 이는 병원이라는 공공장소 특히 휴일에 응급실에서 벌어진 일이니만큼 사회 통념상 인정될 수 있는 음주 후 행동이나 치료에 대한 환자들의 불만표출의 범위를 넘어서는 행위로써 피고소인을 고소하오니 철저히 수사하여 엄벌에 처하여 주시기 바랍니다.

5.증거자료

　□ 고소인은 고소인의 진술 외에 제출할 증거가 없습니다.

　■ 고소인은 고소인의 진술 외에 제출할 증거가 있습니다.

　　☞ 제출할 증거의 세부내역은 별지를 작성하여 첨부합니다.

6.관련사건의 수사 및 재판 여부

① 중복 고소여부	본 고소장과 같은 내용의 고소장을 다른 검찰청 또는 경찰서에 제출하거나 제출하였던 사실이 있습니다 □ / 없습니다 ■
② 관련 형사사건 수사유무	본 고소장에 기재된 범죄사실과 관련된 사건 또는 공범에 대하여 검찰청이나 경찰서에서 수사 중에 있습니다 □ / 수사 중에 있지 않습니다 ■
③ 관련 민사소송 유무	본 고소장에 기재된 범죄사실과 관련된 사건에 대하여 법원에서 민사소송 중에 있습니다 □ / 민사소송 중에 있지 않습니다 ■

7.기타

본 고소장에 기재한 내용은 고소인이 알고 있는 지식과 경험을 바탕으로 모두 사실대로 작성하였으며, 만일 허위사실을 고소하였을 때에는 형법 제156조 무고죄로 처벌받을 것임을 아울러 서약합니다.

○○○○ 년 ○○ 월 ○○ 일

위 고소인 : ○　○　○　　(인)

인천 부평경찰서장 귀중

별지 : 증거자료 세부 목록

　　　(범죄사실 입증을 위해 제출하려는 증거에 대하여 아래 각 증거별로 해당 난을 구
　　　체적으로 작성해 주시기 바랍니다)

1. 인적증거

성　명	○ ○ ○	주민등록번호	생략		
주　소	인천시 부평구 ○○로 ○길 ○○, ○○○호			직업	회사원
전　화	(휴대폰) 010 - 4998 - 0000				
입증하려는 내 용	위 ○○○은 ○○병원의 응급실 소속 간호사로서 피고소인이 응급실에서 진료를 방해하고 난동을 부리고 행패를 부린 사실을 직접 목격 하여 피고소인의 행위에 대하여 소상히 알고 있으므로 이를 입증하고자 합니다.				

2. 증거서류

순번	증　거	작성자	제출 유무
1	스크린샷 캡처사진	고소인	■ 접수시 제출　□ 수사 중 제출
2	112신고 내역	고소인	■ 접수시 제출　□ 수사 중 제출
3			□ 접수시 제출　□ 수사 중 제출
4			□ 접수시 제출　□ 수사 중 제출
5			□ 접수시 제출　□ 수사 중 제출

3. 증거물

순번	증　거	소유자	제출 유무
1	스크린샷 캡처사진	고소인	■ 접수시 제출　□ 수사 중 제출
2			□ 접수시 제출　□ 수사 중 제출
3			□ 접수시 제출　□ 수사 중 제출
4			□ 접수시 제출　□ 수사 중 제출
5			□ 접수시 제출　□ 수사 중 제출

4. 기타증거

　　추후 필요에 따라 제출하겠습니다.

고　소　장

고　소　인　:　○　　　○　　　○

피　고　소　인　:　○　　　○　　　○

광주 광산경찰서장 귀중

고　　소　　장

1.고소인

성　　명	○ ○ ○	주민등록번호	생략
주　　소	광주시 ○○구 ○○로 ○○길 ○○, ○○○-○○○○호		
직　　업	생략	사무실 주　소	생략
전　　화	(휴대폰) 010 - 1789 - 0000		
이 메 일			
대리인에 의한 고　　소	□ 법정대리인 (성명 :　　　　,　　　　　　　연락처　　　　　　　) □ 소송대리인 (성명 : 변호사,　　　　　연락처　　　　　　　)		

2.피고소인

성　　명	○ ○ ○	주민등록번호	생략
주　　소	광주시 ○○구 ○○로 ○번길 ○○, ○○○-○○○○호		
직　　업	상업	사무실 주　소	생략
전　　화	(휴대폰) 010 - 9123 - 0000		
이 메 일			
기타사항	고소인과의 관계 - 친·인척관계 없습니다.		

3.고소취지

고소인은 피고소인에 관하여 다음과 같이 형법 제314조(업무방해죄) 영업방해혐의로 고소
하오니 법에 준엄함을 깨달을 수 있도록 철저히 수사하여 엄벌에 처해 주시기 바랍니다.

4.범죄사실

(1) 고소인은 ○○○○. ○○. ○○. 부터 피고소인이 분양받은 ○○시장 내의 점포 약 5평
　　에 대하여 보증금 3,000만원, 월차임 200만원, 임차기간 3년으로 임차하여 아름다움

이라는 상호로 여성의류를 판매하고 있었는데 영업부진으로 ○○○○. ○○.분부터 ○
○○○. ○○.분의 월임대료를 3개월간 연체하게 되었습니다.

(2) 피고소인은 ○○○○. ○○. ○○. 15:30경 만취한 상태로 고소인이 경영하는 위 아름
다움 점포로 찾아와서 월세를 내놓으라며 고래고래 큰소리를 치면서 행패를 부리는 바
람에 한 돈안 상가건물 내부가 아수라장이 되어 손님들이 놀라 모두 도망가게 하였습
니다.

(3) 그 이후에도 피고소인은 툭하면 술을 한없이 먹고 찾아와서 가게 안을 기웃거리며 고
소인에게 욕을 하는 등 영업을 방해하는 바람에 고소인은 도저히 옷가게의 영업을 할
수 없는 지경에까지 이르러 이에 피고소인을 고소하오니 조사하여 엄벌에 처하여 주시
기 바랍니다.

5.증거자료

　□ 고소인은 고소인의 진술 외에 제출할 증거가 없습니다.

　■ 고소인은 고소인의 진술 외에 제출할 증거가 있습니다.

　　☞ 제출할 증거의 세부내역은 별지를 작성하여 첨부합니다.

6.관련사건의 수사 및 재판 여부

① 중복 고소여부	본 고소장과 같은 내용의 고소장을 다른 검찰청 또는 경찰서에 제출하거나 제출하였던 사실이 있습니다 □ / 없습니다 ■
② 관련 형사사건 수사유무	본 고소장에 기재된 범죄사실과 관련된 사건 또는 공범에 대하여 검찰청이나 경찰서에서 수사 중에 있습니다 □ / 수사 중에 있지 않습니다 ■
③ 관련 민사소송 유무	본 고소장에 기재된 범죄사실과 관련된 사건에 대하여 법원에서 민사소송 중에 있습니다 □ / 민사소송 중에 있지 않습니다 ■

7.기타

본 고소장에 기재한 내용은 고소인이 알고 있는 지식과 경험을 바탕으로 모두 사실대로 작성하였으며, 만일 허위사실을 고소하였을 때에는 형법 제156조 무고죄로 처벌받을 것임을 아울러 서약합니다.

○○○○ 년 ○○ 월 ○○ 일

위 고소인 : ○   ○   ○   (인)

광주 광산경찰서장 귀중

별지 : 증거자료 세부 목록

(범죄사실 입증을 위해 제출하려는 증거에 대하여 아래 각 증거별로 해당 난을 구체적으로 작성해 주시기 바랍니다)

1. 인적증거

성 명	○ ○ ○	주민등록번호		생략	
주 소	광주시 ○○구 ○○로 ○길 ○○, ○○○호		직업		회사원
전 화	(휴대폰) 010 - 2343 - 0000				
입증하려는 내 용	위 ○○○은 고소인과 같이 피고소인이 술을 먹고 상가 건물로 찾아 와 행패를 무리고 고소인의 영업을 방해한 사실을 목격하여 잘 알고 있으므로 이를 입증하도자 합니다.				

2. 증거서류

순번	증 거	작성자	제출 유무
1	스크린샷 캡처사진	고소인	■ 접수시 제출　□ 수사 중 제출
2	임대차계약서	고소인	■ 접수시 제출　□ 수사 중 제출
3			□ 접수시 제출　□ 수사 중 제출
4			□ 접수시 제출　□ 수사 중 제출
5			□ 접수시 제출　□ 수사 중 제출

3. 증거물

순번	증 거	소유자	제출 유무
1	임대차계약서	고소인	■ 접수시 제출　□ 수사 중 제출
2			□ 접수시 제출　□ 수사 중 제출
3			□ 접수시 제출　□ 수사 중 제출
4			□ 접수시 제출　□ 수사 중 제출
5			□ 접수시 제출　□ 수사 중 제출

4. 기타증거

추후 필요에 따라 제출하겠습니다.

고　　소　　장

고　소　인 :　○　　　○　　　○

피　고　소　인 :　○　　○　　○　외1명

전북 군산경찰서장 귀중

고　　소　　장

1. 고소인

성　　명	○ ○ ○	주민등록번호	생략
주　　소	전라북도 군산시 ○○로 ○길 ○○, ○○○-○○○○호		
직　　업	생략	사무실 주　소	생략
전　　화	(휴대폰) 010 - 1123 - 0000		
이 메 일			
대리인에 의한 고　　소	□ 법정대리인 (성명 :　　, 　　　연락처　　　) □ 소송대리인 (성명 : 변호사,　　연락처　　　)		

2. 피고소인1

성　　명	○ ○ ○	주민등록번호	생략
주　　소	전라북도 군산시 ○○로○번길 ○○, ○○○호		
직　　업	무지	사무실 주　소	생략
전　　화	(휴대폰) 010 - 1678 - 0000		
이 메 일			
기타사항	고소인과의 관계 - 친·인척관계 없습니다.		

피고소인2

성　　명	○ ○ ○	주민등록번호	생략
주　　소	전라북도 군산시 ○○로 ○길 ○○, ○○○-○○○○호		
직　　업	무지	사무실 주　소	생략
전　　화	(휴대폰) 010 - 8878 - 0000		
이 메 일			
기타사항	고소인과의 관계 - 친·인척관계 없습니다.		

3.고소취지

고소인은 피고소인들을 형법 제314조(업무방해죄) 등 혐의로 고소하오니 철저히 수사하여 법에 준엄함을 께달을 수 있도록 엄히 처벌하여 주시기 바랍니다.

4.범죄사실

(1) 고소인과 피고소인의 관계

고소인은 ○○○○. ○○. ○○.부터 사단법인 ○○업협회 전라북도협회 군산시지회 지회장으로 사실상 업무를 수행하던 중, 같은 해 ○○. ○○.에 위 군산시지회 지회장에 정식으로 임명된 자이고,

피고소인 ○○○은 위 군산시지회의 전 지회장으로, 피고소인 ○○○는 위 군산시지회의 전 사무국장으로, 고소인이 위 지회장 업무를 수행하기 전까지 각 약 2여 년 동안 재임하다가, 재임 기간 중 약 ○,○○○만원의 공금을 횡령 및 편취한 범죄로 인하여 ○○○○. ○○. ○○. 유죄가 확정되어 ○○○○. ○○. ○○. 사단법인 ○○협회로부터 권고사직을 당하였음에도 불구하고, 재임 중 관리 또는 보관하였던 차량 및 문서들을 피고소인들이 감추거나 파기하는 등의 방법으로 위 군산시지회의 업무를 방해하거나 재산상 손해를 입힌 자들입니다.

(2) 업무방해죄 등의 혐의와 관련하여

가. 피고소인들은 ○○○○. ○○. ○○. 사단법인 ○○협회로부터 권고사직을 당하였고, 고소인은 ○○○○. ○○. ○○.부터 위 군산시지회 지회장으로 사실상 업무를 수행하다가 같은 해 ○○. ○○.에 위 군산시지회 지회장으로 정식으로 임명되었습니다.

따라서 피고소인들은 사단법인 ○○협회 법인서류 법인소유차량, 법인기금관리 통장 등 법인자산일체를 후임자인 고소인에게 인수인계를 하여야만 하였습니다.

이에 고소인은 피고소인들에게 위 물건들과 관련하여 여러 차례 원만한 인수인계를 요청하였으나, 피고소인들은 사임한지 약 1년이 넘도록 위 물건 등을 인수인계하지 않았습니다.

나. 결국 고소인은 10여개의 법인예금통장과 체크카드 등을 인수인계 받지 못하여, 어쩔 수 없이 법인통장과 체크카드를 재발급 받아야 하는 등 불편을 겪었습니다(증제1호증의 1 업무인수인계 요청공문, 증제1호증의 2 법인통장 재발급을 위한 공문, 증제1호증의 3 재발급 법인통장 사본 각 참조).

또한 피고소인들은 ○○○○. ○○. ○○.까지 법인차량을 고소인에게 인도하지 아니하고 불법으로 점유하는 바람에, 위 군산시지회에서는 차량을 임대하여 사용을 하였고, 재가방문서비스 등 민원업무처리에도 막대한 지장을 받았으며, 결국 금 ○○,○○○,○○○원 임대료 상당의 손해를 보기도 하였습니다(증제2호증 렌터카 업체 확인서 참조). 참고로, 피고소인들은 위 법인차량을 인수하기 위하여 피고소인들을 방문한 렉카차량 운전자에게"법인소유차량에 손만 대면 절도죄로 고소를 하겠다."라고 협박을 하였고, 위 법인차량 회수와 관련하여 고소인을 절도죄로 무고하기 까지 하였습니다(증제3호증 피의사건 처분결과 통지서 참조).

다. 한편 피고소인들은 유죄 판결이 확정됨으로써, 지회장 및 사무국장직에서 해임될 것으로 추정되자, 위 군산시지회의 업무(공영주차장운영권 승계)를 방해할 목적으로 기존의 모든 거래처에게 일방적으로 공영주차장 지정권을 폐지한다는 통보를 하였습니다(증제4호증 지정권 폐지 공문 참조).

라. 그리고 ○○○○. ○○. ○○. 위 군산시지회에서는 군산시장과 자립작업장의 수탁운영권에 대해 계약을 체결하였습니다. 그럼에도 불구하고, 피고소인들은 자립작업장 위·수탁 운영을 방해하여 왔습니다.

마. 또한, 피고소인들은 권한이 없음에도 불구하고, 법인의 주차요원으로 채용되었던 직원들 모두를 퇴임시키고 주차권발매 모니터기록까지 모두 삭제하였으며. 주차장의 적자를 빙자하여 기존거래처 7곳에서 받은 계약반환금 ○,○○○,○○○원을 모두 횡령하여 후임자가 이를 대신 변제하고 있습니다.

그리고 피고소인들은 해임된 후인 ○○○○. ○○. ○○.에도 법인대표가 변경된 점을 모르는 농협직원을 통하여 법인계좌를 거래하는 등 불상의 금액을 편취한 의혹이 있습니다(증제5호증의 1. 주차장사용 계약서 사본, 증제5호증의 2. 계약금 영수증, 증제5호증의 3. 계약반환금 입금증 각 참조). 참고로, 이 과정에서 문서위조 및 동행사 또는 사기죄를 범하였을 가능성이 존재합니다.

(3) 결론

고소인은 피고소인들을 고소하오니 철저히 조사하시어 엄히 처벌하여 주시기 바랍니다.

참고사항으로 피고소인들은 툭하면 수사기관의 인맥을 동원하여 고소인을 구속시킨다고 입버릇처럼 압박을 하고 다니는 등 그 행위가 도를 넘어선 것이라 생각이 듭니다.

5.증거자료

□ 고소인은 고소인의 진술 외에 제출할 증거가 없습니다.

■ 고소인은 고소인의 진술 외에 제출할 증거가 있습니다.

☞ 제출할 증거의 세부내역은 별지를 작성하여 첨부합니다.

6.관련사건의 수사 및 재판 여부

① 중복 고소여부	본 고소장과 같은 내용의 고소장을 다른 검찰청 또는 경찰서에 제출하거나 제출하였던 사실이 있습니다 □ / 없습니다 ■
② 관련 형사사건 수사유무	본 고소장에 기재된 범죄사실과 관련된 사건 또는 공범에 대하여 검찰청이나 경찰서에서 수사 중에 있습니다 □ / 수사 중에 있지 않습니다 ■
③ 관련 민사소송 유무	본 고소장에 기재된 범죄사실과 관련된 사건에 대하여 법원에서 민사소송 중에 있습니다 □ / 민사소송 중에 있지 않습니다 ■

7.기타

본 고소장에 기재한 내용은 고소인이 알고 있는 지식과 경험을 바탕으로 모두 사실대로 작성하였으며, 만일 허위사실을 고소하였을 때에는 형법 제156조 무고죄로 처벌받을 것임을 아울러 서약합니다.

○○○○ 년 ○○ 월 ○○ 일

위 고소인 : ○　○　○　　(인)

전북 군산경찰서장 귀중

별지 : 증거자료 세부 목록

　　(범죄사실 입증을 위해 제출하려는 증거에 대하여 아래 각 증거별로 해당 난을 구체적으로 작성해 주시기 바랍니다)

1. 인적증거

성 명	○ ○ ○	주민등록번호	생략	
주 소	군산시 ○○로 ○길 ○○, ○○○호		직업	직원
전 화	(휴대폰) 010 - 2292 - 0000			
입증하려는 내 용	위 ○○○은 ○○협회 군산지회에서 근무하면서 피고소인들이 행한 범행일체에 대하여 실무자로서 소상히 알고 있으므로 이를 입증하고자 합니다.			

2. 증거서류

순번	증 거	작성자	제출 유무
1	요청공문	고소인	■ 접수시 제출　□ 수사 중 제출
2	렌터카확인서	고소인	■ 접수시 제출　□ 수사 중 제출
3			□ 접수시 제출　□ 수사 중 제출
4			□ 접수시 제출　□ 수사 중 제출
5			□ 접수시 제출　□ 수사 중 제출

3. 증거물

순번	증 거	소유자	제출 유무
1	요청공문	고소인	■ 접수시 제출　□ 수사 중 제출
2			□ 접수시 제출　□ 수사 중 제출
3			□ 접수시 제출　□ 수사 중 제출
4			□ 접수시 제출　□ 수사 중 제출
5			□ 접수시 제출　□ 수사 중 제출

4. 기타증거

　　추후 필요에 따라 제출하겠습니다.

고　소　장

고　소　인 :　○　　　○　　　○

피　고　소　인 :　○　　　○　　　○

서울 동대문경찰서장 귀중

고 소 장

1.고소인

성 명	○ ○ ○	주민등록번호	생략
주 소	서울시 동대문구 ○○로 ○○길 ○○, ○○○-○○○○호		
직 업	상업 / 사무실 주 소	생략	
전 화	(휴대폰) 010 - 4456 - 0000		
이 메 일			
대리인에 의한 고 소	□ 법정대리인 (성명 : , 연락처) □ 소송대리인 (성명 : 변호사, 연락처)		

2.피고소인

성 명	○ ○ ○	주민등록번호	생략
주 소	서울시 ○○구 ○○로 ○번길 ○○, ○○○-○○○○호		
직 업	상업 / 사무실 주 소	생략	
전 화	(휴대폰) 010 - 1434 - 0000		
이 메 일			
기타사항	고소인과의 관계 - 친·인척관계 없습니다.		

3.고소취지

고소인은 피고소인에 관하여 다음과 같이 형법 제314조(업무방해죄 영업방해죄)로 고소하오니 법에 준엄함을 깨달을 수 있도록 철저히 수사하여 엄벌에 처해 주시기 바랍니다.

4.범죄사실

(1) 고소인은 서울시 동대문구 ○○로 ○○길 ○○, ○○빌딩 102호에서 부경반점이라는

상호로 중국음식점을 경영하고 있고, 피고소인은 같은 빌딩 내에서 대성디앤씨라는 상호로 중국으로 의류를 수출하는 사람입니다.

(2) 피고소인은 평소에 고소인과 사이가 좋지 않았는데 얼마 전 말다툼을 하다가 상인들이 보는 앞에서 크게 모욕을 당하고 고소인에게 복수하기로 결신하고 고소인이 운영하는 위 북경반점을 이용하기로 하였습니다.

(3) 피고소인은 위 중국집으로 전화를 걸어 고소인이 점화를 받으면 시종 아무 말도 하지 않고 고소인이 전화를 끊으면 다시 전화를 걸어 고소인이 전화를 받을 때까지 기다렸다가 고소인이 전화를 받으면 또 말을 하지 않는 방법으로 한 달 동안 전화를 부백회 가량 같은 전화를 걸어 고소인의 중국집음식점에 걸려오는 전화주문과 고소인의 영업을 방해하였습니다.

(4) 이러한 피고소인은 사회생활상 수용할 수 있는 한계를 넘어서 부당하게 고소인을 곤혹스럽게 하는 정도에 이르렀습니다.

그리고 피고소인의 그 행동의 결과로 고소인이 운영하는 음식점의 경영에 방해를 가져왔기 때문에 이는 피고소인을 위계에 의한 업무방해죄로 철저히 수사하여 법에 준엄함을 깨닫고 다시는 이러한 행동을 할 수 없도록 엄벌에 처하여 주시기 바랍니다.

5.증거자료

□ 고소인은 고소인의 진술 외에 제출할 증거가 없습니다.
■ 고소인은 고소인의 진술 외에 제출할 증거가 있습니다.
☞ 제출할 증거의 세부내역은 별지를 작성하여 첨부합니다.

6.관련사건의 수사 및 재판 여부

① 중복 고소여부	본 고소장과 같은 내용의 고소장을 다른 검찰청 또는 경찰서에 제출하거나 제출하였던 사실이 있습니다 □ / 없습니다 ■
② 관련 형사사건 수사유무	본 고소장에 기재된 범죄사실과 관련된 사건 또는 공범에 대하여 검찰청이나 경찰서에서 수사 중에 있습니다 □ / 수사 중에 있지 않습니다 ■
③ 관련 민사소송 유무	본 고소장에 기재된 범죄사실과 관련된 사건에 대하여 법원에서 민사소송 중에 있습니다 □ / 민사소송 중에 있지 않습니다 ■

7.기타

본 고소장에 기재한 내용은 고소인이 알고 있는 지식과 경험을 바탕으로 모두 사실대로 작성하였으며, 만일 허위사실을 고소하였을 때에는 형법 제156조 무고죄로 처벌받을 것임을 아울러 서약합니다.

○○○○ 년 ○○ 월 ○○ 일

위 고소인 : ○   ○   ○   (인)

서울 동대문경찰서장 귀중

별지 : 증거자료 세부 목록

   (범죄사실 입증을 위해 제출하려는 증거에 대하여 아래 각 증거별로 해당 난을 구체적으로 작성해 주시기 바랍니다)

1. 인적증거

성 명	○ ○ ○	주민등록번호	생략		
주 소	서울시 동대문구 전농대로 ○○, ○○○호			직업	종업원
전 화	(휴대폰) 010 - 2343 - 0000				
입증하려는 내 용	위 ○○○은 고소인이 운영하는 식당에 근무하면서 장기간 동안 피고소인이 전화하여 영업을 방해한 사실에 대하여 목격함으로써 소상이 잘 알고 있어 이를 입증하고자 합니다.				

2. 증거서류

순번	증 거	작성자	제출 유무
1	목격자진술서	고소인	■ 접수시 제출 □ 수사 중 제출
2	녹취록	고소인	■ 접수시 제출 □ 수사 중 제출
3			□ 접수시 제출 □ 수사 중 제출
4			□ 접수시 제출 □ 수사 중 제출
5			□ 접수시 제출 □ 수사 중 제출

3. 증거물

순번	증 거	소유자	제출 유무
1	녹취록	고소인	■ 접수시 제출 □ 수사 중 제출
2			□ 접수시 제출 □ 수사 중 제출
3			□ 접수시 제출 □ 수사 중 제출
4			□ 접수시 제출 □ 수사 중 제출
5			□ 접수시 제출 □ 수사 중 제출

4. 기타증거

   추후 필요에 따라 제출하겠습니다.

고   소   장

고 소 인 : ○   ○   ○

피 고소인 : ○   ○   ○

대구 ○○경찰서장 귀중

고 소 장

1.고소인

성 명	○ ○ ○	주민등록번호	생략
주 소	대구시 ○○구 ○○로 ○○길 ○○, ○○○-○○○○호		
직 업	생략	사무실 주 소	생략
전 화	(휴대폰) 010 - 1789 - 0000		
이 메 일			
대리인에 의한 고 소	□ 법정대리인 (성명 : , 연락처) □ 소송대리인 (성명 : 변호사, 연락처)		

2.피고소인

성 명	○ ○ ○	주민등록번호	생략
주 소	대구시 ○○구 ○○로 ○번길 ○○, ○○○호		
직 업	상업	사무실 주 소	생략
전 화	(휴대폰) 010 - 8754 - 0000		
이 메 일			
기타사항	고소인과의 관계 - 친·인척관계 없습니다.		

3.고소취지

고소인은 피고소인에 관하여 다음과 같이 형법 제314조(업무방해죄)로 고소하오니 법에 준엄함을 깨달을 수 있도록 철저히 수사하여 엄벌에 처해 주시기 바랍니다.

4.범죄사실

(1) 고소인과 피고소인의 관계

고소인은 대구시 ○○구 ○○로 ○○, ○○○호 ○○○.○○㎡ 대지의 소유자입니다(증 제1호증의 1 부동산 등기부 등본, 증 제2호증의 1 토지대장 각 참조).

피고소인은 고소인 소유의 위 대지와 인접한 대구시 ○○구 ○○로 ○○, ○○-○○호 대지 및 위 지상의 주택에 대한 소유자입니다(증 제1호증의 2, 3 각 부동산 등기부 등본, 증 제2호증의 2 토지대장, 증 제9호증 건물대장 각 참조).

(2) 경계침범

피고소인은 과거 이 사건 대지의 경계를 침범하여 이 사건 주택을 건축하였는바, 이 사건 주택의 일부가 이 사건 대지를 무단 점유하고 있는 실정입니다(증 제3호증의 1 내지 7 각 경계침범 사진, 증 제4호증 지적측량 적부심사 의결서 사본, 증 제8호증 지적측량결과 각 참조).

(3) 건축공사의 극렬히 방해

한편 고소인은 이 사건 대지에 관하여 건축허가를 득하여 ○○○○. ○○. ○○.부터 그 착공에 들어간 바 있습니다(증 제3호증의 1 내지 7 참조). 그런데 고소인이 이 사건 대지에 건물을 건축함에 있어 피고소인의 이 사건 주택이 경계를 침범한 부분이 문제되지 않을 수 없었습니다.

피고소인은 이 사건 주택이 이 사건 대지 중 일부를 무단점유하고 있음에도 이를 인정하지 않고 무단점유 부분의 철거 등 적절한 조치를 거부하여 왔는바, 일단 신속한 건축이 시급했던 고소인으로서는 해당 건물의 1, 2층 부분까지는 이 사건 주택의 경계침범부분을 피해 건축하되, 3층부터는 본래의 이 사건 대지 면적대로 건축을 하기로 하였고, 처음에는 피고소인들도 이러한 건축 진행에 동의하였습니다.
그러나 막상 고소인이 1, 2층의 기초공사 등을 마치고 3층 부분의 착공에 들어가자, 피고소인은 고소인이 건축하는 건물의 3층 부분이 이 사건 주택의 처마 일부를 위에서 포개듯이 가린다면서 고소인의 공사 진행에 극렬히 항의하였습니다.

그러나 실제로는 이 사건 주택이 오히려 이 사건 대지의 경계를 침범하여 그 처마 부분 등이 이 사건 대지 위에 늘어뜨려진 것이므로, 피고소인이 고소인의 건축을 탓할 것이 아니라 그 침범부분을 철거해야 마땅한 것입니다.

(4) 건축공사 중단

그리하여 피고소인은 위와 같은 항의와 함께 ○○○○. ○○. ○○. 오후 5시경 이 사건 대지 공사현장에 있던 인부 고소 외 ○○○에게 농약을 병에 담아 투척 등 이를 살포하는 행위를 하고 고소 외 ○○○은 해당 농약이 안구에 접촉하여 눈 부위에 심한 상해를 입고 응급실 내원을 하게 되었고 그러한 소동으로 말미암아 공사가 중단되게 되었습니다(증 제5호증 김천경찰서 정보공개청구 답변, 증 제6호증 진단서 사본 각 참조)

또한 피고소인은 ○○○○. ○○. ○○. 바닥에 작업한 거푸집을 몰래 다 뜯어내 버리기도 하였고(증 제7호증의 1 내지 6 각 거푸집 뜯어진 사진 참조), 고소인이 바닥을 뜯어낸 것이 누구인지 찾자, 나중에 자랑스럽게도 자신들이 뜯어낸 것이라고 인정하기까지 하였습니다.

고소인은 ○○○○. ○○. ○○. 다시 공사를 시도하였으나 이번에도 피고소인이 작업 인부들로 하여금 작업을 하지 못하게끔'또 뜯어버리겠다, 공사하면 가만히 안 놔두겠다.'고 위협을 하였는바, 작업 인부들로서는 별다른 수 없이 현장을 철수할 수밖에 없었습니다.

결국 피고소인의 계속적인 공사방해행위로 인하여 고소인은 현재까지 공사 지연에 따른 경제적 손실을 보고 있는 상황입니다.

(5) 결론

　　고소인은 피고소인을 위와 같이 업무방해혐의로 고소하오니 철저히 조사하시어 법에
준엄함을 깨달을 수 있도록 엄히 처벌하여 주시기 바랍니다.

5.증거자료

　　□ 고소인은 고소인의 진술 외에 제출할 증거가 없습니다.

　　■ 고소인은 고소인의 진술 외에 제출할 증거가 있습니다.

　　　　☞ 제출할 증거의 세부내역은 별지를 작성하여 첨부합니다.

6.관련사건의 수사 및 재판 여부

① 중복 고소여부	본 고소장과 같은 내용의 고소장을 다른 검찰청 또는 경찰서에 제출하거나 제출하였던 사실이 있습니다 □ / 없습니다 ■
② 관련 형사사건 수사유무	본 고소장에 기재된 범죄사실과 관련된 사건 또는 공범에 대하여 검찰청이나 경찰서에서 수사 중에 있습니다 □ / 수사 중에 있지 않습니다 ■
③ 관련 민사소송 유무	본 고소장에 기재된 범죄사실과 관련된 사건에 대하여 법원에서 민사소송 중에 있습니다 □ / 민사소송 중에 있지 않습니다 ■

7.기타

　본 고소장에 기재한 내용은 고소인이 알고 있는 지식과 경험을 바탕으로 모두 사실대로
작성하였으며, 만일 허위사실을 고소하였을 때에는 형법 제156조 무고죄로 처벌받을 것
임을 아울러 서약합니다.

○○○○ 년 ○○ 월 ○○ 일

위 고소인 : ○ ○ ○   (인)

대구 ○○경찰서장 귀중

별지 : 증거자료 세부 목록

　　　(범죄사실 입증을 위해 제출하려는 증거에 대하여 아래 각 증거별로 해당 난을 구체적으로 작성해 주시기 바랍니다)

1. 인적증거

성 명	○ ○ ○	주민등록번호	생략	
주 소	대구시 ○○구 ○○로 ○길 ○○, ○○○호		직업	노동
전 화	(휴대폰) 010 - 1298 - 0000			
입증하려는 내 용	위 ○○○은 고소인의 건축공사장에서 인부로 일을 하면서 피고소인이 농약병을 투척하여 상해를 입는 등 피고소인이 극렬히 공사를 방해한 사실에 대하여 목격하여 이를 입증하고자 합니다.			

2. 증거서류

순번	증 거	작성자	제출 유무	
1	목격자진술서	고소인	■ 접수시 제출	□ 수사 중 제출
2	진단서	고소인	■ 접수시 제출	□ 수사 중 제출
3			□ 접수시 제출	□ 수사 중 제출
4			□ 접수시 제출	□ 수사 중 제출
5			□ 접수시 제출	□ 수사 중 제출

3. 증거물

순번	증 거	소유자	제출 유무	
1	목격자 진술서	고소인	■ 접수시 제출	□ 수사 중 제출
2			□ 접수시 제출	□ 수사 중 제출
3			□ 접수시 제출	□ 수사 중 제출
4			□ 접수시 제출	□ 수사 중 제출
5			□ 접수시 제출	□ 수사 중 제출

4. 기타증거

　　추후 필요에 따라 제출하겠습니다.

고 소 장

고 소 인 : ○   ○   ○

피 고 소 인 : ○   ○   ○

경북 김천경찰서장 귀중

고　소　장

1.고소인

성　명	○ ○ ○	주민등록번호	생략
주　소	경상북도 김천시 구성면 ○○로 ○○, ○○○호		
직　업	생략	사무실 주　소	생략
전　화	(휴대폰) 010 - 4532 - 0000		
이 메 일			
대리인에 의한 고　소	□ 법정대리인 (성명 :　　　,　　　연락처　　　　) □ 소송대리인 (성명 : 변호사,　　　연락처　　　　)		

2.피고소인

성　명	○ ○ ○	주민등록번호	생략
주　소	경상북도 김천시 ○○로 ○○길 ○○, ○○○-○○○호		
직　업	상업	사무실 주　소	생략
전　화	(휴대폰) 010 - 1275 - 0000		
이 메 일			
기타사항	고소인과의 관계 - 친·인척관계 없습니다.		

3.고소취지

고소인은 피고소인을 정보통신망 이용촉진 및 정보보호 등에 관한 법률 제70조 명예훼손혐의로 고소하오니 철저히 수사하여 처벌하여 주시기 바랍니다.

4.범죄사실

(1) 고소인은 지난 ○○○○. ○○. ○○. 포털사이트 네이트 자유게시판에 고소인의 사진

및 개인적으로 운영하는 주소가 노출된 ○○○의 글을 올린 사실이 있는데 이 글은 관리자에 의하여 네이터 메인페이지에 노출되었고 그 조회 수는 ○,○○○건에 달하는 기록을 세우는 등 네티즌들로부터 주목을 받게 된 가운데 피고소인이 악의적인 의도로 악성 댓글을 달고 게시물을 여러 차례에 올려 고소인의 명예를 심각하게 훼손시킨 사실이 있습니다.

(2) 피고소인은 ○○○○. ○○. ○○. 14:50경 ○○○라는 닉네임으로 고소인의 글에 ○○○○○이라는 내용이 포함된 댓글을 올렸고,

(3) ○○○○. ○○. ○○. 17:20경에는 같은 닉네임으로"○○○"이라는 내용이 포함된 댓글을 올린데 이어 확인되지 않은 각종 허위사실과 욕설을 악의적 의도로 반복하여 게시함으로서 고소인의 명예를 심각하게 훼손시킨 사실이 있습니다.

(4) 피고소인은 고소인이 운영하고 있는 ○○○의 홈페이지에 찾아와 고소인이 다른 곳에 접속하여 의견을 교환한 사실이 전혀 없음에도 불구하고 말이 다르다는 내용으로 계속해서 고소인의 게시물에 악성 댓글 및 게시물을 여러 차례에 올린 사실도 있습니다.

(5) 피고소인의 위 악성 댓글 및 게시물은 수많은 네티즌들에게 그 대로 노출되어 논란이 되거나 또 다른 악성 댓글을 유도하는 결과를 초래하기도 하였습니다.

(6) 고소인은 피고소인에게 잘못된 악성 댓글과 게시물을 즉시 삭제하고 고소인에게 정중한 사과를 하라고 요구하였으나 피고소인은 위 댓글이나 게시물을 즉시 삭제하지 않고 도리어 다른 사람이 올린 글을 인용한 것에 불과하다며 삭제를 거부하고 있습니다.

(7) 이에 고소인이 피고소인에게 가차 없이 형사고소를 하겠다고 하자 피고소인은 현재 자신이 올린 악성 댓글과 게시물을 삭제하거나 내용을 일부 수정한 상태에 있으나 이미 고소인으로서는 이로 인한 피해 정도가 심각하여 돌이킬 수 없는 지경에 이르렀으므로 피고소인을 명예훼손죄로 처벌을 하기 위하여 이 사건 고소에 이른 것입니다.

5.증거자료

　□ 고소인은 고소인의 진술 외에 제출할 증거가 없습니다.

　■ 고소인은 고소인의 진술 외에 제출할 증거가 있습니다.

　　☞ 제출할 증거의 세부내역은 별지를 작성하여 첨부합니다.

6.관련사건의 수사 및 재판 여부

① 중복 고소여부	본 고소장과 같은 내용의 고소장을 다른 검찰청 또는 경찰서에 제출하거나 제출하였던 사실이 있습니다 □ / 없습니다 ■
② 관련 형사사건 수사유무	본 고소장에 기재된 범죄사실과 관련된 사건 또는 공범에 대하여 검찰청이나 경찰서에서 수사 중에 있습니다 □ / 수사 중에 있지 않습니다 ■
③ 관련 민사소송 유무	본 고소장에 기재된 범죄사실과 관련된 사건에 대하여 법원에서 민사소송 중에 있습니다 □ / 민사소송 중에 있지 않습니다 ■

7.기타

본 고소장에 기재한 내용은 고소인이 알고 있는 지식과 경험을 바탕으로 모두 사실대로 작성하였으며, 만일 허위사실을 고소하였을 때에는 형법 제156조 무고죄로 처벌받을 것임을 아울러 서약합니다.

○○○○ 년 ○○ 월 ○○ 일

위 고소인 : ○　○　○　　(인)

경북 김천경찰서장 귀중

별지 : 증거자료 세부 목록

(범죄사실 입증을 위해 제출하려는 증거에 대하여 아래 각 증거별로 해당 난을 구체적으로 작성해 주시기 바랍니다)

1. 인적증거

성 명	○ ○ ○	주민등록번호	생략		
주 소	경상북도 김천시 ○○로 ○○, ○○○-○○○호			직업	회사원
전 화	(휴대폰) 010 - 1256 - 0000				
입증하려는 내 용	위 ○○○은 고소인의 사무실 직원으로서 피고소인이 게재한 내용을 직접 피고소인에게 연락하여 삭제를 요구하는 등 피고소인에 대한 범행에 대하여 잘 알고 있어 이를 입증하고자 합니다,.				

2. 증거서류

순번	증 거	작성자	제출 유무
1	캡처화면	고소인	■ 접수시 제출　　□ 수사 중 제출
2	스크린샷	고소인	■ 접수시 제출　　□ 수사 중 제출
3			□ 접수시 제출　　□ 수사 중 제출
4			□ 접수시 제출　　□ 수사 중 제출
5			□ 접수시 제출　　□ 수사 중 제출

3. 증거물

순번	증 거	소유자	제출 유무
1	캡처화면	고소인	■ 접수시 제출　　□ 수사 중 제출
2			□ 접수시 제출　　□ 수사 중 제출
3			□ 접수시 제출　　□ 수사 중 제출
4			□ 접수시 제출　　□ 수사 중 제출
5			□ 접수시 제출　　□ 수사 중 제출

4. 기타증거

추후 필요에 따라 제출하겠습니다.

고　　소　　장

고　소　인 :　○　　　○　　　○

피　고　소　인 :　○　　　○　　　○

경기 의정부경찰서장 귀중

고 소 장

1.고소인

성　　명	○ ○ ○		주민등록번호	생략
주　　소	경기도 의정부시 ○○로 ○○, ○○○-○○○호			
직　　업	생략	사무실 주　소	생략	
전　　화	(휴대폰) 010 - 9654 - 0000			
이 메 일				
대리인에 의한 고　　소	□ 법정대리인 (성명 :　　　,　　　　연락처　　　　　) □ 소송대리인 (성명 : 변호사,　　　연락처　　　　　)			

2.피고소인

성　　명	○ ○ ○		주민등록번호	생략
주　　소	경기도 의정부시 ○○로 ○○길 ○○, ○○○-○○○호			
직　　업	상업	사무실 주　소	생략	
전　　화	(휴대폰) 010 - 8876 - 0000			
이 메 일				
기타사항	고소인과의 관계 - 친·인척관계 없습니다.			

3.고소취지

피고소인은 고소인이 ○○씨 종중회장으로 있는 총무로 근무하던 자인바, ○○○○. ○○. ○○. 경기도 의정부시 ○○로 ○○○, 의정부식당에서 개최된 임시총회에서 종원 ○○○ 외 70여명이 참석한 자리에서 사실은 고소인이 ○○○○. ○○. ○○. ○○인쇄소에서 피고소인으로부터 넘겨받은 돈 2,000만원은 인쇄비용으로 지급해서는 아니 되는 돈이어서 이를 고소인의 개인 예금통장에 입금을 시킨 것이고 고소인이 인쇄소 사장 ○○○에게 커미션을 요구한 사실이 없음에도 불구하고 고소인이 위 일시 장소에서 피고소인의 돈

2,000만원을 탈취하였다는 취지가 기재된 피고소인 작성의 통고서 사본과 고소인이 ○○
○에게 커미션을 주기로 요청한 사실이 있는 것처럼 기재된 ○○○작성의 호소문을 배포
한 후 종원들 70여명에게 고소인이 인쇄비 잔대금으로 지불하려는 2,000만원을 탈취해갔
다, 돈을 탈취하기 전에 ○○○으로부터 커미션을 받으려고 획책하기 위하여 피고소인을
밖으로 나가 있게 하였다는 거짓말을 하여 허위사실을 적시 고소인의 명예를 훼손한 사실
이 있으므로 피고소인을 명예훼손혐의로 고소하오니 철저히 조사하여 엄벌에 처하여 주시
기 바랍니다.

4.범죄사실

(1) 고소인이 ○○씨 종중회장으로 선출되어 종중에서 ○○씨 세보를 제작하기로 하고 고
소인을 조보편찬위원장으로, 피고소인을 총무로 임명한 사실이 있습니다.

(2) 고소인은 의정부시 ○○로 ○○, ○○인쇄소 ○○○과 ○○씨 세보 3,000부를 0,000
만원으로 제작을 의뢰한 후 원자재 값이 많이 올랐다며 대금인상을 요구하자 피고소인
이 고소인과 상의도 없이 이를 수락하여 ○○인쇄소 ○○○으로부터 2,000만원의 잔
액을 지급해 달라는 청구를 받게 되었고, ○○○○. ○○. ○○. 금 2,000만원이 위 세
보제작비용으로 ○○○에게 지급되었습니다.

(3) 고소인은 ○○○○. ○○. ○○.위 세보에 대한 교정본을 ○○○으로부터 교부받아 검토
하였으나 너무나 많은 오자와 유탈된 것을 발견하고 피고소인에게 교정을 받기 전까지
인쇄비를 지급하지 말라고 지시하였고, ○○인쇄소 ○○○에게 돈을 더 이상 지급하지
않겠다며 인쇄를 중단하라고 전했습니다.

그런데 피고소인은 이를 무시하고 ○○○○. ○○. ○○. 인쇄비로 금 2,000만원을 지
급하였습니다.

(4) 고소인은 교정본 세보를 종원들과 임원들에게 보이면서 오류가 많음을 상세히 설명하

고 이를 교정할 때까지 인쇄비를 지급하지 않겠다고 했고 피고소인에게 지시했는데 이를 무시하고 인쇄를 했느냐고 따졌더니 ○○인쇄소 ○○○은 피고소인이 인쇄를 하라고 해서 인쇄를 한 것이라고 변명을 하였습니다.

그래서 고소인이 ○○인쇄소 ○○○과 언성을 높이고 항의하고 있는데 피고소인이 들어와서 갑자기 세보를 인수하겠다고 말하면서 종회의 총무를 보면서 보관하던 돈을 고소인에게 남겨주면서 ○○○에게 인쇄비를 지불하여 주라고 말하기에 고소인은 피고소인으로부터 돈을 확인한 후 ○○○에게 인쇄비를 주지 않고 피고소인에게 단독으로 할 말이 있으니 밖에 나가 있게한 후 ○○인쇄소 ○○○에게 인쇄비가 3배나 비싼 이유가 무엇이냐, 인쇄를 중단하라고 했는데 왜 인쇄를 했느냐, 인쇄비를 지급하지 않겠다고 했는데 어찌하여 피고소인으로부터 인쇄비를 받았느냐고 따져 물었더니 아무런 대답을 하지 못했습니다.

고소인은 위 ○○○으로부터 아무런 대답을 들을 수 없다고 판단하였기에 사무실에서 나와 우체국으로 가서 피고소인으로부터 넘겨받은 돈을 고소인의 예금통장에 입금했는데 피고소인은 우체국에 와서 고소인에게 치매환자라며 고함을 치는 등 소동을 벌렸습니다.

(5) 피고소인은 고소인이 위 인쇄비잔액을 탈취하였으니 이를 반환하지 않으면 법적조치를 취하겠다는 내용이 기재된 별지 첨부한 통고서를 고소인에게 내용증명우편으로 발송하였습니다.

(6) ○○씨 대종회 임시총회가 ○○○○. ○○. ○○. 11:00경 종회장 ○○○ 등 종원 70여명이 참석한 가운데 개최되었습니다.

이 자리에서 인쇄비 때문에 앙심을 품고 있던 피고소인이 대종회 회장에게 20분간 발언을 하겠다고 말한 후 종원들에게 통고서 사본과 ○○인쇄소 ○○○이 작성한 호소문을 종원들에게 배포한 후 장시간 동안 고소인을 맹비난하는 말을 하였는데 그 중요한 내용은 다음과 같습니다.

- 다   음 -

① 고소인이 ○○인쇄소에 세보인쇄대금으로 지불하려는 돈 2,000만원을 탈취해갔다.

② 돈을 탈취하기 전에 인쇄소 ○○○으로부터 커미션을 받으려고 획책하기 위해 피고소인을 밖으로 나가게 하였다.

③ 고소인은 치매자이고, 사기꾼이고, 협잡꾼이다.

(7) 고소인은 ○○○○. ○○. ○○. 피고소인에게 내용증명을 발송하고 피고소인의 잘못을 준엄하게 꾸짖었고, ○○○○. ○○. ○○. 다시 경고장을 피고소인에게 보내 훈계했습니다.

(8) 피고소인은 세보편찬위원장인 고소인을 보좌하여 업무를 보아야 함에도 불구하고 단독으로 처리하는 바람에 2,000만원이면 제작하는 인쇄비를 무려 3,20 0만원이나 인쇄비로 지불하려한 것을 할아버지뻘이고 30년이나 연상인 고소인에게 함부로 욕설을 퍼붓고 반말을 임시총회 석상에서 하였다는 점은 도저히 용서할 수 없는 행동으로서 철저히 조사하여 피고소인을 엄벌에 처하여야 마땅합니다.

5.증거자료

□ 고소인은 고소인의 진술 외에 제출할 증거가 없습니다.

■ 고소인은 고소인의 진술 외에 제출할 증거가 있습니다.

    ☞ 제출할 증거의 세부내역은 별지를 작성하여 첨부합니다.

6.관련사건의 수사 및 재판여부

① 중복 고소여부	본 고소장과 같은 내용의 고소장을 다른 검찰청 또는 경찰서에 제출하거나 제출하였던 사실이 있습니다 □ / 없습니다 ■
② 관련 형사사건 수사유무	본 고소장에 기재된 범죄사실과 관련된 사건 또는 공범에 대하여 검찰청이나 경찰서에서 수사 중에 있습니다 □ / 수사 중에 있지 않습니다 ■
③ 관련 민사소송 유무	본 고소장에 기재된 범죄사실과 관련된 사건에 대하여 법원에서 민사소송 중에 있습니다 □ / 민사소송 중에 있지 않습니다 ■

7.기타

본 고소장에 기재한 내용은 고소인이 알고 있는 지식과 경험을 바탕으로 모두 사실대로 작성하였으며, 만일 허위사실을 고소하였을 때에는 형법 제156조 무고죄로 처벌받을 것임을 아울러 서약합니다.

○○○○ 년 ○○ 월 ○○ 일

위 고소인 : ○ ○ ○   (인)

경기 의정부경찰서장 귀중

별지 : 증거자료 세부 목록

　　　　(범죄사실 입증을 위해 제출하려는 증거에 대하여 아래 각 증거별로 해당 난을 구
　　　　체적으로 작성해 주시기 바랍니다)

1. 인적증거

성　명	○ ○ ○	주민등록번호	생략		
주　소	의정부시 ○○로 ○○, ○○○-○○○호			직업	회사원
전　화	(휴대폰) 010 - 3123 - 0000				
입증하려는 내　용	위 ○○○은 고소인과 같은 종원이면서 회의에 참석하였다가 피고소인이 고소인을 비방하는 내용과 모습을 모두 목격하여 피고소인에 대한 범행에 대하여 잘 알고 있어 이를 입증하고자 합니다.				

2. 증거서류

순번	증　거	작성자	제출 유무	
1	사실확인서	고소인	■ 접수시 제출	□ 수사 중 제출
2	진술서	고소인	■ 접수시 제출	□ 수사 중 제출
3			□ 접수시 제출	□ 수사 중 제출
4			□ 접수시 제출	□ 수사 중 제출
5			□ 접수시 제출	□ 수사 중 제출

3. 증거물

순번	증　거	소유자	제출 유무	
1	사실확인서	고소인	■ 접수시 제출	□ 수사 중 제출
2			□ 접수시 제출	□ 수사 중 제출
3			□ 접수시 제출	□ 수사 중 제출
4			□ 접수시 제출	□ 수사 중 제출
5			□ 접수시 제출	□ 수사 중 제출

4. 기타증거

　　추후 필요에 따라 제출하겠습니다.

【서식】 명예훼손죄 주주총회장에서 허위사실로 명예훼손 처벌요구 고소장

고　　소　　장

고　소　인 :　○　　　○　　　○

피　고　소　인 :　○　　　○　　　○

충북 충주경찰서장 귀중

고　　소　　장

1.고소인

성　　명	○ ○ ○	주민등록번호	생략
주　　소	충청북도 충주시 ○○로 ○○, ○○○-○○○호		
직　　업	생략	사무실 주　　소	생략
전　　화	(휴대폰) 010 - 1345 - 0000		
이 메 일			
대리인에 의한 고　　소	□ 법정대리인 (성명 :　　　　,　　　　연락처　　　　　　) □ 소송대리인 (성명 : 변호사,　　　　연락처　　　　　　)		

2.피고소인

성　　명	○ ○ ○	주민등록번호	생략
주　　소	충청북도 충주시 ○○로 ○○길 ○○, ○○○-○○○호		
직　　업	상업	사무실 주　　소	생략
전　　화	(휴대폰) 010 - 8876 - 0000		
이 메 일			
기타사항	고소인과의 관계 - 친·인척관계 없습니다.		

3.고소취지

고소인은 피고소인을 형법 제307조(명예훼손죄)로 고소하오니 철저히 수사하여 법에 준엄함을 깨달을 수 있도록 엄히 처벌하여 주시기 바랍니다.

4.범죄사실

(1) 피고소인은 선반기계를 제조 생산하는 ○○기계 주식회사의 주주입니다.

(2) ○○○○. ○○. ○○. 14:30경 충청북도 충주시 ○○로 ○○길 ○○○에서 위 ○○기
계 주식회사가 개최한 주주총회에서 대표이사인 고소인이 그 동안의 회사의 경영사정
에 대하여 고소인의 의사를 피력하는 중, 피고소인이 고소인의 의사를 반박함으로써 사
소한 언쟁이 있었는데 피고소인이 30여명의 주주가 모인 자리에서 회사의 공금을 횡령
한 사기꾼이 무슨 할 이야기가 있느냐 근거가 있으니 고소하여 고소인을 처벌을 받게
할 것인데 주주여러분 들은 어떻게 생각하느냐고 타인들에게 동조를 구하는 등 고소인
도 사실무근으로 전혀 알지 못하는 허위사실을 들어가면서 고소인의 명예를 훼손한 사
실은 형법 제307조 명예훼손죄에 해당합니다.

(3) 고소인은 피고소인을 위와 같이 고소하오니 법에 따라 철저히 조사하여 피고소인을 엄
벌에 처하여 주시기 바랍니다.

5.증거자료

□ 고소인은 고소인의 진술 외에 제출할 증거가 없습니다.

■ 고소인은 고소인의 진술 외에 제출할 증거가 있습니다.

☞ 제출할 증거의 세부내역은 별지를 작성하여 첨부합니다.

6.관련사건의 수사 및 재판 여부

① 중복 고소여부	본 고소장과 같은 내용의 고소장을 다른 검찰청 또는 경찰서에 제출하거나 제출하였던 사실이 있습니다 □ / 없습니다 ■
② 관련 형사사건 수사유무	본 고소장에 기재된 범죄사실과 관련된 사건 또는 공범에 대하여 검찰청이나 경찰서에서 수사 중에 있습니다 □ / 수사 중에 있지 않습니다 ■
③ 관련 민사소송 유무	본 고소장에 기재된 범죄사실과 관련된 사건에 대하여 법원에서 민사소송 중에 있습니다 □ / 민사소송 중에 있지 않습니다 ■

7.기타

본 고소장에 기재한 내용은 고소인이 알고 있는 지식과 경험을 바탕으로 모두 사실대로 작성하였으며, 만일 허위사실을 고소하였을 때에는 형법 제156조 무고죄로 처벌받을 것임을 아울러 서약합니다.

○○○○ 년 ○○ 월 ○○ 일

위 고소인 : ○　○　○　　　(인)

충북 충주경찰서장 귀중

별지 : 증거자료 세부 목록

  (범죄사실 입증을 위해 제출하려는 증거에 대하여 아래 각 증거별로 해당 난을 구
  체적으로 작성해 주시기 바랍니다)

1. 인적증거

성 명	○ ○ ○	주민등록번호	생략	
주 소	충주시 ○○로 ○○, ○○○-○○○호		직업	회사원
전 화	(휴대폰) 010 - 3123 - 0000			
입증하려는 내 용	위 ○○○은 고소인과 같은 회사에 근무하면서 회의에 참석하였다가 피고소인이 고소인을 비방하는 내용과 모습을 모두 목격하여 피고소인에 대한 범행에 대하여 잘 알고 있어 이를 입증하고자 합니다.			

2. 증거서류

순번	증 거	작성자	제출 유무
1	사실확인서	고소인	■ 접수시 제출 　□ 수사 중 제출
2	진술서	고소인	■ 접수시 제출 　□ 수사 중 제출
3			□ 접수시 제출 　□ 수사 중 제출
4			□ 접수시 제출 　□ 수사 중 제출
5			□ 접수시 제출 　□ 수사 중 제출

3. 증거물

순번	증 거	소유자	제출 유무
1	사실확인서	고소인	■ 접수시 제출 　□ 수사 중 제출
2			□ 접수시 제출 　□ 수사 중 제출
3			□ 접수시 제출 　□ 수사 중 제출
4			□ 접수시 제출 　□ 수사 중 제출
5			□ 접수시 제출 　□ 수사 중 제출

4. 기타증거

  추후 필요에 따라 제출하겠습니다.

◼ 대한법률편찬연구회 ◼

연구회 발행도서
-2017년 소법전
-민법 지식정보법전
-형법 지식정보법전
-법률학대사전
-민법주석대전(전3권)

고소취지·범죄사실·고소이유·증거자료·재판여부 등 수록

사례중심 고소장작성방법과실무　　　정가　18,000원

2025年 1月 15日 3版 印刷
2025年 1月 20日 3版 發行
편　　저 : 대한법률편찬연구회
발 행 인 : 김 현 호
발 행 처 : 법문 북스
공 급 처 : 법률미디어

152-050
서울 구로구 경인로 54길4(구로동 636-62)
TEL : (02)2636-2911~3,　FAX : (02)2636~3012
등록 : 1979년 8월 27일 제5-22호
Home : www.bubmun.co.kr

▌ISBN 978-89-7535-410-6 13360
▌이 도서의 국립중앙도서관 출판예정도서목록(CIP)은 서지정보유통지원시스템 홈페
이지(http://seoji.nl.go.kr)와 국가자료공동목록시스템(http://www.nl.go.kr/kolisnet)
에서 이용하실 수 있습니다.(CIP제어번호: CIP2017000142)
▌파본은 교환해 드립니다.
▌본서의 무단 전재·복제행위는 저작권법에 의거, 3년 이하의
징역 또는 3,000만원 이하의 벌금에 처해집니다.